Wilfried Koch

Die Kirche verstehen lernen Mit dem Herzen zuhören

Wilfried Koch

Die Kirche verstehen lernen Mit dem Herzen zuhören

Gedankenspiele und Antwortversuche zu aktuellen Fragen und ein Gespräch mit Maria Magdalena über die Frau in der Kirche

Fromm Verlag

Cover image: durch den Autor und seiner Frau.

Publisher:
Fromm Verlag
is a trademark of
Dodo Books Indian Ocean Ltd. and OmniScriptum S.R.L publishing group

120 High Road, East Finchley, London, N2 9ED, United Kingdom
Str. Armeneasca 28/1, office 1, Chisinau MD-2012, Republic of Moldova, Europe
Printed at: see last page
ISBN: 978-613-8-35096-5

Wilfried Koch

Die Kirche verstehen lernen
Mit dem Herzen zuhören

Gedankenspiele und Antwortversuche
zu aktuellen Fragen
und ein Gespräch mit Maria Magdalena über
die Frau in der Kirche

Ein Buch,
das mit dem
Gedanken spielt,
dass die Kirche
gute
Argumente
hat

Titelbild

Ein Herz, eine Kirche, ein Kopfhörer.
Und jede Menge Verbindungskabel
zwischen allen.
Ein Hin und Her.
Und ins Kabel eingewickelt ein
verborgenes Wort.
HÖRE
HÖRE MIT DEM HERZEN

KEIN „KOPF"-HÖRER sein
MAN HÖRT NUR MIT
DEM HERZEN GUT

Einfach nur zuhören
Darum bittet mich die Kirche
Ihr ohne vorgefasstes Urteil
Zuhören
HÖREN UM ZU VERSTEHEN
Einfach nur zuhören

Wenn ich der Kirche so zuhören würde,
mit dem Herzen, entdeckte ich vielleicht
in ihrer Gestalt das Wahre, Gute, Schöne,
nach dem ich mich ausstrecken möchte,
das ich mir wünsche

Er braucht einen roten Draht,
es braucht einen roten Faden:
mein Leben!
Es braucht manchmal eine lange Leitung
der Geduld, aber es tut gut,
dranzubleiben in der Verbindung.

ZUHÖREN —UM ZU VERSTEHN

Die Kirche verstehen.... Geht das überhaupt?

....oder ruft der Gedanke an sie bereits Abwehr hervor? Wenn wir an die Kirche denken, kommt uns mehr und mehr vielleicht Unschönes in den Sinn. Bei vielen ist die Kirche in Ungnade gefallen. Manch einen ärgert, dass sie sich von den Menschen entfernt habe (also dem Wortsinn nach: weggegangen), andere meinen, sie würde sich zu wenig von der Stelle rühren. Wiederum andere sagen: wenn sie sich nicht von der Stelle bewegt habe, dann wären es doch eher die Menschen, die sich von ihr entfernt hätten, sie hinter sich zurückgelassen haben. Ihre Unnachgiebigkeit ist etwas, das den modernen Menschen ärgert. Es gibt Leute, die sich dadurch abgewertet erfahren, weil die Kirche nicht auf sie hört. Sie fühlen sich als mündige Christen nicht ernst genommen. Ich kann solche Aspekte aus eigener Erfahrung nachvollziehen.

Es wird die unterschiedlichsten Gründe geben, mit der Kirche unzufrieden zu sein. Joseph Ratzinger/Benedikt XVI. hat dazu sehr eingehende Gedanken geschrieben, in einem Vortrag aus dem Jahre 1990 zur immerwährenden Reform der Kirche“, aus dem ich Ausschnitte hier referieren will. Seine Gedanken aufzunehmen, lohnt sich.

Er stellt erst einmal fest, dass es solche schweren Gefühle gibt, über die Kirche....und das dies wohl auch sein darf. Wort und Wirklichkeit Kirche seien in Verruf gekommen, lösen Abwehr aus. Warum ist das so?

„Warum mißfällt so vielen Menschen die Kirche?“ fragt er...."auch Gläubigen, auch solchen, die gestern noch zu den Treuesten gerechnet werden konnten, und die es unter Schmerzen wohl auch heute noch sind.“ Und heute fast 25 Jahre nach diesem Vortrag erleben doch viele Menschen mehr dieses Mißfallen, das die Kirche in ihnen auslöst.

Damals schrieb J.Ratzinger, die Gründe für´s Mißfallen seien nach damaligen Standorten unterschiedlich, ja gegensätzlich (ich glaube, sie sind bis auf den heutigen Tag dieselben geblieben): „die einen leiden darunter, dass sich die Kirche zu sehr den Maßstäben der Welt von heute angepasst hat; die anderen ärgern sich darüber, dass sie noch immer sehr weit davon entfernt ist.“

Kann ein anderer Grund die Ursache für den Verdruss sein, dass die Kirche eine Institution ist, ähnlich wie andere (Wo bleibt das Unterscheidende?), und dass sie als Institution auch die menschliche Freiheit einschränkt? Denn das läuft immer und in jedem Fall dem Freiheitsstreben des modernen Menschen entgegen.

Wie wir alle wissen, gilt die Freiheit wohl fast als das höchste Gut für den Menschen, und er will keine Kirche haben, die diesen Ruf in die Freiheit einschränkt und die sich ihm in den Weg stellt mit ihren Ansprüchen und Normen. „Die Grenzsperren, die die Kirche aufrichtet, wirken deshalb doppelt schwer, weil sie bis ins Persönlichste und Intimste hineinreichen“. Die Lebensordnung der Kirche verlangt Entscheidungen, die mein Eigenstes betreffen, und sie sagen mir an, wie ich denn Freiheit zu verstehen habe und sie leben und gestalten soll. Das sind Entscheidungen, die ohne Verzicht und den damit verbundenen Schmerz nicht getroffen werden können. Und darum auch Ärger auslösen, Abwehr.

Weshalb wird die schöne Weite meines Lebens durch so viele Gebote und Verbote eingegrenzt, mein Weg blockiert? Was erwartet die Kirche nicht alles von uns für das, was sie ewiges-Leben-erwerben nennt und verlockend in Aussicht stellt, wenn.......ja wenn ich hier gehorche? „Muss Befreiung nicht notwendig der Ausbruch aus solcher geistiger Bevormundung sein?“ Und daraus folgernd: Wäre es nicht die wirklich hilfreiche Reform, dies alles von sich abzuschütteln, um aufatmen zu können?

Da wird doch ein Traum von der Kirche beschädigt, der darin besteht, dass die Kirche in der harten Welt voller Zwänge eine Insel des schönen und freien Lebens sei. Da fällt doch immer wieder die stille Hoffnung in sich zusammen, dass die Kirche ein Ort sei, wo man den Geschmack der Freiheit und des so verstandenen Erlöstseins finden könne. Der Zorn auf die Kirche könnte gerade darin begründet sein, dass sie mich nicht nur in Worten sondern schon rein durch ihre Existenz immer und immer wieder daran erinnert, dass ich ein begrenzter Mensch bin, der die Führung durch die Kirche wohl doch mehr braucht, als man glaubt.

Also könne wirkliche Reform doch nur darin bestehen (so denkt man) dass man die Kirche von all dem entbindet, womit sie einen göttlichen Anspruch an den Menschen deutlich machen kann. Und deswegen soll jede Reform die Kirche völlig neu schaffen, ohne die lästigen Begrenzungen. Weil sie den Traum des Menschen nicht erfüllt, nicht erfüllen kann, darum wird sie wohl mit so viel Wut bedacht, mit Häme, erlebt man sie mit Bitterkeit „versucht man verzweifelt, sie so zu machen, wie man sie wünscht...." Kann man also die Kirche verstehen lernen? Auf diese Frage habe ich meine Antworten gefunden.......

KIRCHE VERSTEHEN LERNEN......

.....kann man, wenn man ihr mit dem Herzen zuhört (Einleitung)

Ich habe die folgenden Gedanken niedergeschrieben, weil ich öfter in Situationen kam, in denen man mich bat, meine Sicht der Kirche und ihre aktuelle Lage zu begründen. So bin ich selbst auf die Suche gegangen, um tiefer verstehen und dies auch erzählen zu können. Dabei habe ich überraschende Begründungen für Glauben und Praxis der Kirche gefunden. Deren Entdeckung hat mir Freude bereitet und hat mich befähigt, mit anderen Augen auf die Kirche zu schauen.

Mein Lehrer und Führer auf diesem Weg ist mir Joseph Ratzinger/Benedikt XVI. mit seinen Schriften geworden. Durch ihn habe ich den Glauben der Kirche völlig neu verstanden und ihn zu meinem persönlichen Glauben machen können. Seine demütige Haltung, die er an den Tag legte, und seine verantwortungsvolle Art, den Glauben auszulegen, hat mich bestärkt, auch meinerseits aus dem Modus der Erwartungen an die Kirche aus- und einzusteigen in eine neue Bereitschaft, auf ihre Weisheit zu hören. Und auch....mich davon herausfordern zu lassen zu einem inneren Dialog mit dem Glauben der Kirche, durch ein Pro und Contra, wo nicht von Anfang an das Contra die Oberhand hatte. Dabei habe ich gewonnen! Dabei musste ich nicht meinen Verstand zurücklassen, aber wo der Glaube als Herz zu meinem Herzen sprach, da waren sie alle miteinander versöhnt, so wie Benedikt XVI, Herz und Verstand und Glauben in eine Gemeinschaft miteinander brachte, die fruchtbar war.

Cor ad cor liquitur – Von Herz zu Herz.....

Was ich entdeckt habe, hat Freude in mir ausgelöst und hat in mir eine starke Ehrfurcht vor dem überlieferten Glauben wach gemacht; und ich habe erfahren können, wie stimmig unser Glaube ist, trotz aller Ecken und Kanten. Ich habe größere Zusammenhänge entdeckt und gesehen, wie hilfreich es ist, diese in mein Denken einzubeziehen. So will ich gern informieren über meine Entdeckungen und Schlußfolgerungen. Sie beziehen sich in diesen Zeilen auf die sogenannten brandheissen Themen der Kirche unserer Zeit: Zölibat, die Bedeutung der Ehe als

Institution von Mann und Frau, sowie die Frauenfrage * in der Kirche von heute (der letzteren widmen sich die Seiten des Büchleins ausführlich). Wobei das eigentlich brandheiße Thema ein ganz anderes ist, nämlich die Frage: Wird der Herr noch Glauben finden, wenn er kommt? Oder: Kommt er in sein Eigentum, aber die Seinen nehmen ihn nicht auf? Oder: warum verdursten Menschen, wenn sie doch die Quelle vor sich haben? Wenn der eine oder andere durch meine Gedanken dazu kommt, selber zu suchen, weiter zu denken als bisher, dann war die Arbeit dies niederzuschreiben, nicht für die Katz.

Zwei Möglichkeiten fürs Weiterlesen ergeben sich hier:
⇨ (1) Weiterlesen in der Reihenfolge des Buches (dann dient dies der Vorbereitung des fiktiven Gespräches mit Maria Magdalena), oder
⇨ (2) Wer will, mag jetzt zuerst den zweiten Teil des Buches lesen, das fiktive,
⇨ erzählende Gespräch mit Maria Magdalena (Seite 35) und könnte dann hier vorne wieder beginnen
Der erste Teil schildert in verschiedenen Facetten, wie es gelingen kann, Kirche zu verstehen. In diesem ersten Teil wiederholen sich manchmal Gedanken, die ich schon vorher niedergeschrieben hatte; das mag der Vertiefung dienen.
Die einzelnen Texte sind ja nicht in einem Guss entstanden, sondern nach und nach.....

Man sagt heute vielfach, es gäbe Dinge in Glauben und Kirche, die könne man einem modernen Menschen nicht mehr zumuten. Nun, ich als ein moderner Mensch habe die Zumutung auf mich genommen und bin dadurch gewachsen, mir das Denken der Kirche zuzumuten. Und wenn ich mich irgendwo getraut habe, davon zu erzählen, dann hat das doch manchmal ein Aufmerken gegeben und da und dort ein erstes Fragezeichen hinein gebracht. Die junge Kirche damals hat auf diese Weise das Ganzandere des Christseins in die Denkweise der Menschen hineingebracht und hat Aufmerken und Nachdenken angezettelt. Immer dann, wenn die Botschaft der Kirche anstößig ist, kann man vermuten, dass sie den Nerv trifft, der getroffen werden soll, um das Eigentliche zu sehen.
Ich wünsche Freude beim Lesen und gegebenfalls geistliches Vergnügen.

Die Kirche verstehen lernen......

.....kann man mit einem gut versorgten Faktenwissen über die Kirche.

Ohne jemand damit auf die Füße treten zu wollen, darf man feststellen, dass vielen eine tiefgründende Basisinformation über die Kirche fehlt. Woher auch sollen sie es haben? Seit 40 Jahren wird so gut wie nichts mehr davon in der Kirche und im Religionsunterricht vermittelt. Vieles wird abgewertet und entwertet und hat keine Chance, sich im Krieg der Argumente darstellen zu können. Die Wucht moderner Argumente ist zu groß. So gibt es hier oft keine Chancengleichheit. Die Maßstäbe zum Bewerten der Kirche und des Glaubens kommen oft aus dem Denken der Gesellschaft und werden unterschiedslos 1:1 auf die Kirche übertragen. Diese

---

 dieses Zeichen erscheint immer dort, wo die Frauenfrage zum Thema wird:

fehlende Grundinformation kann man bei vielen jüngeren aber auch älteren Katholiken feststellen. Diesen Eindruck erweckten in mir auch manche Nachrichten vom Synodalen Weg. Da wurde nach meinem Dafürhalten kostbares Tafelsilber einfach über Bord geworfen und es kam mir so vor, als würden manche wie ein Elefant im Porzellanladen agieren. Was sie wegwerfen wollten, tut mir und vielen anderen weh. Respekt d.h. auch Rück-Sicht auf kostbares Gut schien mir dort vielfach zu fehlen, etwa wenn man das priesterliche Amt grundsätzlich infragestellte. Es erschien mir so, als wenn man einen Hufschmied beauftragt hätte, die feinen Zieselierungen an einem Kelch zu bearbeiten. Je lauter manche Forderungen gestellt wird, um so leiser ist hier und da das Grundwissen über die Kirche noch vorhanden. Wenn wir unsere Informationen darüber kontrollieren wollen, wäre hier eine Wissenserforschung hilfreich (z.B. die Frage: Meine ich, wenn ich von Kirche rede, genau das, was Kirche von sich selbst aussagt?). Diese Wissenserforschung hat mir selber gut getan. Ich habe erfahren:

Die Kirche verstehen lernen kann man am besten tiefgründig (&) *

d.h. indem man sie belauscht, also in der Stille das Ohr an ihr Herz legt, so wie der Jünger, den Jesus liebte, es tat, als er seinen Kopf an seine Brust legte, um nur ja nichts zu überhören, was Jesu Herz ihm leise sagen wollte. Nur so konnte er das hören, was im Lauten (in manchen VerLAUTbarungen) überhört wird.

Ein Kind im Schoß seiner Mutter hört 9 Monate lang das Herz seiner Mutter klopfen: dieses Herz klopft auch bei ihm an, sodass dieses Kind seine Mutter kennt, von *innen* her, und sich später noch er-*inne*-rt daran, zwar unbewusst und doch sein Dasein prägend. Wenn man die Buntfenster einer Kirche betrachten will, kann man das nur von innen tun. Von außen sieht man nur graue Flächen. Doch im Innern erleuchtet das Licht Gottes die Fensterbilder und sie fangen an, zu sprechen....

Wer sich in den Schoß der Mutter Kirche hineinbegibt oder dort ist, seit der Taufe, der hört das Wesentliche in ihr in ihrem Herzschlag. All das, was ringsherum über die Kirche verlautet wird, ist viel „lauter" als das, was die Kirche schweigend sagt.

Man muss, um die Kirche zu verstehen, tief hinuntersteigen, wie in eine Krypta, Stufe um Stufe, man muss tief graben und tiefgründig sein. Man darf sich nicht mit der Oberfläche begnügen, man muss ihr auf den Grund gehen – der Kirche. Ihre leise Melodie kann nur der hören, der jede Ver-laut-barung über die Kirche leise stellt.

Wer das Wesen und das Geheimnis der Kirche verstehen lernen will, muss die Kirche in ihrem Gottesdienst und ihrem Beten belauschen, da hört er ihr eigentliches Herz schlagen. Da versteht er vieles, was er ansonsten überhört. Es war nach meiner Erinnerung Kardinal Martini von Mailand, der gesagt hat:

Die Kirche befriedigt keine Erwartungen,
sondern sie feiert Geheimnisse! &)

Katholisch sein heißt, auch das anzunehmen, was ich (noch) nicht verstehe, auf die Hoffnung hin, es eines Tages verstehen zu können. Und wenn ich etwas nie verstehe, es trotzdem gelten

---

*&) Wo dieses Zeichen aufttaucht geht es um die sakramentale-symbolhafte Definierung der Kirche

zu lassen. Katholisch sein ist, ein Mystiker sein (also ein Geheimnisbewohner: einer, der sich mit dem Herzen einlässt auf die Welt der Zeichen und Anzeichen, des Unaussprechlichen, der aus Andeutungen mehr lebt als aus vollständigem „rundem" Wissen, das es ja nicht gibt).

Darum geht es mir – in den folgenden Gedanken, in denen ich eine „Kirchenlehre" der Stimmigkeit und des Geheimnisses zu beschreiben versuche. Mir geht es um eine Kirche, in der es stimmt: in der die Zeichen stimmig sind, wo die Symbole ihre Symbolkraft entwickeln können. ...wo man nicht da und dort einfach einen Mosaiksein herausnehmen kann... Ich versuche eine Kirche zu denken, die eine Ästhetik hat in all ihren Äußerungen. Eine Kirche, die nicht funktioniert und nicht dem Gesetz der Funktion unterworfen ist, die im tieferen Sinne „unbrauchbar" ist, weil sie das Gegenteil von brauchen ist, nämlich Wesen, wesentlich. Es geht um eine Kirche, die am heiligen Spiel teilnimmt und die darum nicht verzweckbar ist. Letztlich geht es mir um ein sakramentales Denken über die Kirche, also ein Blick auf sie in ihrer eigenen Sprache. All die bemühten Versuche, sie unters Dach individueller oder gesellschaftlicher Erwartungen zu bringen, scheitern: was man glaubt, in der Hand zu haben, ist dann meist nicht die Kirche.

Kirche unbekannt und verkannt - nicht kompatibel mit unseren Vorstellungen
Du gleitest uns aus den Händen - wenn wir dich zu be-greifen versuchen
Immer widerstehst du unserem Versuch - dich in unsere Erwartungen einzuspannen
Du spannst uns auf die Folter mit deinen Überraschungen
Wer dich glaubt, zu kennen, muss sich stets eines anderen überraschen lassen.
Du bist Institution – und doch nicht Institut
Du bist Amt und Verantwortung – und doch nicht uns verantwortlich
Du bist Menschen und Häuser – und doch anders als die Städte
Du schwebst mehr unsichtbar in der Luft – als dass du festzumachen bist.
Immer dann entfliehst du uns wenn wir dich dingfest zu glauben haben
Du bist mehr Geheimnis als Wirklichkeit - mehr Umriss als denn schon
gefüllte Fläche.
Um dich zu verstehen müssen wir in dir stehen
Um dich zu hören, müssen wir (zu) dir gehören.
Um dich zu sehen, brauchen wir Einsehen
Um dein Geheimnis zu lernen, müssen wir in ihm wohnen
müssen Ge-HEIM-nis-bewohner sein, müssen Ge-HEIM halten können, müssen Insge-HEIM
in deinem Unverständlichen zuhause sein in Gott, dem Unbegreifbaren

KIRCHE VERSTEHEN LERNEN......

.....kann man, wenn man weiß, was kirchlich „Reform" bedeutet

I.

Reform, heißt eigentlich: zurück in die Form (Re-Form). Rückformung. „In Form" sind wir als Getaufte, wenn wir „in" Jesus Christus sind, in seiner Form, wenn wir seinem Bild immer mehr gleichen und ihm immer ähnlicher werden. Hier wird deutlich, dass es bei Reformen um eine Rückkehr in das Eigentliche geht: zurück in die Lebensweise Jesu Christi. Hier wird auch deutlich, dass es bei Reformen nicht darum geht, dass sich andere ändern oder die ganze Kirche – sondern es geht um meine Rückformung und Einformung in die Gestalt Jesu hinein.

Reformen fangen nicht an mit dem Blick durch ein Fernglas auf andere, sondern einfach durch einen Blick in ein „Nahglas“ auf uns selbst, wie es der Spiegel sein kann, wie es der Gewissensspiegel sein kann, der Beichtspiegel. Wenn diese Re-form bei möglichst allen Getauften „gelaufen“ ist, werden wir viele, der heute so dringend erscheinenden Veränderungen gar nicht mehr brauchen. .....weil alle begriffen haben: wenn wir nur Strukturen verändern, aber nicht unser Herz, unseren Willen, dann ist das noch nichts Neues. Das wirklich Neue beginnt in jedem Getauften, der bei sich beginnt, sich zu verändern.

Bernhard von Clairvaux nennt diesen Weg von der DeFORMation über die ReFORMation zur ConFORMation. Also von dem noch-nicht-in-Form-sein (oder auch in- einer-falschen-Form-sein) zur Rückkehr in die Form und mit- der-Form-gleichförmig-werden – bis Christus in uns Gestalt annimmt. Dabei müssen manchmal Wucherungen, die sich der ursprünglichen Form hinzugesetzt haben, beseitigt werden müssen.

.Bezeichnend ist, dass solche Weise von Reform, ob persönlich oder die Kirche als Gesamtes betreffend, zwar die Gestalt der Kirche erneuert haben, aber nie sich von der Gestalt der Kirche abgewendet haben. Die Kirche galt für solche Leute (für Heilige z.B. aber auch „Alltagschristen“) trotz ihrer Mängel als die gültige Form, um uns in Christus hineinformen zu lassen. Sie haben eigentlich nichts gemacht, damit aus alt neu werden kann, sie haben geschehen lassen, dass es geschieht, haben dafür allerhöchsten die Tür geöffnet, damit es geschieht, haben dafür gebetet.

Reform wird Reform, wenn sie nicht daraus besteht, dass wir uns unsere Kirche zurechtmodellieren, da und dort Neues hinzufügen, damit wir noch von anderen gesehen werden als Kirche. Reform besteht nicht im Erfinden neuer Kleidung, die wir anziehen um andere anziehen zu wollen. Reform ist der Vorgang wo wir manches Alte loslassen um neu in die Gestalt Jesu hineinzupassen.

Michelangelo sah in jedem Stein, den er bearbeiten wollte, schon das reine Bild, das verborgen darauf wartete, freigelegt zu werden. Dem Künstler war demnach nur die Aufgabe gegeben, das wegzunehmen, was das Bild noch verdeckte. Michelangelo sah seinen Dienst weniger im Machen, als im Freilegen. Das Werk des Bildhauers ist im wahrsten Sinne „ablatio“ =das Entfernen des Uneigentlichen. Darum brauchen auch wir den göttlichen Baumeister, der vieles Unnütze an uns entfernt, also das Uneigentliche, damit das Eigentliche zum Vorschein kommt.

Doch, was das Eigentliche ist, weiß heute nicht mal jeder Christ. So kommt es, dass wir hingehen zum Bildhauer, der „die Zeit“ heißt und bitten ihn, sogar Eigentliches, Wesentliches wegzuschlagen, damit wir wieder in Form sind, damit wir wieder die Leute zusammenholen können. Vielleicht schlägt der große Baumeister im Moment manches Uneigentliche von uns ab, damit wir wieder zum Wesentlichen kommen. Angesichts dieses großen, göttlichen Anliegens scheint mir manche Reformforderung wie das Anstreichen von Mauern, die schon am Bröckeln sind und bald einstürzen werden.

Eines zeigt die Erfahrung: jede Reform, die nicht mit der persönlichen Umkehr und Erneuerung beginnt, ist in den Sand gesetzt.

II.

Reformwünsche erwachsen auch oft aus dem Bestreben, die Anforderungen des Glaubens zu erleichtern (siehe S.11/12). Doch die wahren Reformen aus dem Geist waren immer jene, die zu einer größeren Anstrengung führten, zu einer größeren Liebe für Gott und die Menschen.

Was werden wir gewinnen, wenn wir den Zölibat wegreformiert haben sollten? Wir verlieren das Zeichen, dass man für Gott vieles und evtl. sogar alles einsetzen sollte. Wir verlieren eine herausfordernde Erinnerung daran, dass Gott unser Ein und Alles ist. Es wird ein Zeichen eingeebnet. Das ist kein Mehr, sondern ein Weniger. Eine Reform, die bei einem Getauften gelungen ist, erkennt man an seinem größeren Engagement, seiner intensiveren Leidenschaft für die Sache Gottes, seiner tieferen Freude im Glauben. Darum sind alle „Abschaffungs"— Reformen stets zu prüfen, ob sie der Vergrößerung der Ehre Gottes dienen

KIRCHE VERSTEHEN LERNEN.....

.... am Beispiel des Ehepartners

Die Kirche verstehen lernen bedarf der gleichen Anstrengung und Übung, wie in einer Partnerbeziehung. Dort zählt es, den anderen als den Ganz-anderen zu sehen, ihm und seiner Person, seinem Wesen wirklich zuzuhören., ihn den sein lassen, der er oder die sie ist und den anderen auch als Geheimnis verstehen lernen... und dieses Geheimnis unberührt zu lassen, weil ich sonst sein Wesen verletze. Was hilft es, einem Partner, wenn er vom anderen ständig Kritik hört. Wenn ihm gesagt wird, er sei doch nicht auf der Höhe der Zeit, er sei nicht mehr zeitgemäß, er müsse sich dem Modernen angleichen. Oder mehr noch: er solle sich ganz und gar den Wünschen des Partners angleichen und diesem – unter Verlust seines Wesens folgen. Da würde der Ehepartner doch erleben, dass er, so wie er ist, nicht verstanden wird, gar abgelehnt wird.

So ähnlich ist es auch mit der Kirche, die Jesus liebt, die er mit eigenen Worten seine Braut nennt. Wenn wir sie kritisieren und nie zufrieden sind mit ihr, wäre das, als ob wir zu einem Bräutigam hingingen und würden vor ihm die Braut schlecht reden oder ihm seine Liebe zu ihr ausreden wollen. ...als ob wir sagen: Du, Christus, deine Braut, deine Kirche ist aber schlecht,

Um den Anderen als den Ganzanderen verstehen und lieben zu lernen, muss man sich in ihn hineinbegeben, in sein Geheimnis eintreten, und es unverletzt sein lassen. &)
.....muss man das Geheimnis hüten, das der andere ist und ihn nicht Kriterien unterwerfen, die nicht geeignet sind, ihn zu begreifen, die seine Gefühls-und Denkwelt verletzen. Die Indianer sagen, man müsse erst eine Zeitlang in den Schuhen eines Anderen gegangen sein, um ihn wirklich verstehen zu können.

Die Kirche verstehen kann man nur mit den gleichen Bedingungen, sonst bleibt ihre Welt verschlossen und es kann zu keinem Verstehen kommen. Und es wird nur zu lauter Missverstehen führen. Man muss in ihren Schuhen gehen, um sie zu begreifen. Gehe ich in ihren Schuhen? In den Schuhen Jesu Christi? .....der in der Kirche lebt und dessen Braut sie ist und der sich in seiner Liebe für sie hingegeben hat.

Die Kirche ist ein Geschöpf des Heiligen Geistes, darum kann man sie nur mit geistlichen Kriterien anschauen und begreifen lernen. Wenn man ihr die Urheberschaft durch Christus streitig macht, wenn man bestreitet, dass sie göttlichen Ursprungs und göttlicher Begleitung und damit in seiner Wahrheit ist, wenn man sie nur als menschliche Wirklichkeit betrachtet und sie einordnet unter weltliche Kategorien, dann ist das nie die Kirche, wie sie ist, sondern allenfalls nur ein Abklatsch ihrer Wirklichkeit. Auch ein Ehepartner würde sich dagegen verwehren, würde man ihn nur gelten lassen, wenn er oder sie so ist, wie das Bild, das man sich von ihm gemalt hat. Du sollst dir aber kein Bild machen – heißt es – weil dieses Bild dich selbst und den anderen einengt, weil es dem anderen nie gerecht wird und du falsche Erwartungshaltungen hast, die zwangsläufig zu Enttäuschungen führen müssen.

KIRCHE VERSTEHEN LERNEN.....

....durch die Frage, wer die Kirche denn ist

Die Kirche – das ist zunächst einmal die sichtbare Dimension der Menschen, die zu ihr gehören. Da gibt´s das Amt in der Kirche , gemeint sind damit Papst und Bischöfe, Priester, Diakone usw. Wenn Leute von ihnen sprechen, sagen sie „Die Kirche da, die Kirche hat (.....dies und das gesagt!)" Aber das ist noch nicht ganz die Kirche. Die Kirche – damit kann man aber auch alle Getauften meinen: Laien und Klerus gemeinsam. Dann gibt es Gruppen, die sagen und nennen sich: Wir sind Kirche (die anderen sind es dann nicht, die man in Absetzung dazu „Amtskirche" nennt?). &)

Mit Kirche können wir aber auch eine ungreifbare Größe sehen, zu der wir gehören, die aber das Fassbare und Nennbare übersteigt, ein unsichtbares Geschehen, eine Ahnung, dass es sie als noch größere Einheit gibt, also als Mysterium. Die Kirche ist hierbei der Ausdruck für Etwas, „was in der Luft liegt", eine numinose Gestalt, ein uns übersteigernder Zusammenhang, der ja auch aus der unsichtbaren Kirche besteht hier auf Erden und der unsichtbaren Kirche des Himmels. Sie besteht also nicht nur aus sichtbaren Elementen. Zur Kirche des Himmels nimmt die irdische Kirche auch Kontakt auf durch das Gebet. Es gibt eine großartige Verlesung der Namen der schon in der Kirche der Vollendung Lebenden: die Allerheiligenlitanei. Dabei können wir uns erinnern: Wir sind nicht allein, da sind viele vor uns, die den Weg des Glaubens gegangen sind. Und ihr Lebensweg sagt uns: es ist möglich mit dem Glauben der Kirche zu leben und in ihm zu sterben. Sie machen diesen Glauben, so wie er ist, für uns wahr und geben Zeugnis ab für die Wahrheit. Gäbe es eine kirchliche Demokratie (Herrschaft des Volkes statt Herrschaft Gottes!), dann würden die alten Wahrheiten stets die Mehrheit bekommen, denn die schon Vollendeten legen mit ihrem Leben Zeugnis dafür ab, dass ein Leben mit diesen manchmal sperrigen Wahrheiten gelingen kann. Das heißt nicht, dass sich das Verstehen dieser alten Glaubenswahrheiten nicht durch den Beistand des Geistes weiter entwickeln dürfte. Im Gegenteil: der Geist Gottes führt die Kirche immer tiefer in die Wahrheit ein. Seine Absicht ist also: das Verstehen des Glaubens zu vertiefen; er steht zu dem, was er früher gesagt hat, wenn er die Kirche in die Wahrheit einführte. Er ändert von seinen Aussagen nichts, er nimmt auch nichts davon zurück, was er durch den Mund der Kirche gesagt hatte, aber er bessert unser Verstehen durch neue Aspekte). So gibt es zwei Konzepte, die hier nebeneinander gestellt werden sollen:

Konzept 1	Konzept 2
...das *Gewicht* des Glaubens *betonen,* den Glauben aber in anderem Licht zeigen, sodass man sein Gewicht (er-) tragen kann	.....den Glauben leichter machen, *dafür Ballast abwerfen*

...den Glauben in die heutige Sprache übersetzen, damit unsere *Zeit gemäß dem Glauben* leben kann	.....den Glauben durch Anpassen/weg-lassen *von nicht mehr zeitgemässen Dingen* erneuern
...den Glauben *in die Tiefe führen (vertiefen)*, um dadurch Klarheit zu finden (dafür ggf. auf Anzahl, Ausdehnung und Einfluss verzichten)	.....den Glauben *in die Breite ausdehnen,* d.h. auf vieles verzichten, um Viele zu gewinnen

Beide Konzepte haben folgende, je eigene Wirkung entfaltet (Konzept 1 ist in etwa der Ansatz des 2.Vatikanischen Konzils):

Radikalisierung des Glaubens Vertiefung Der Heilige Geist wird in der Kirche bestimmend er erfasst die Zeit, macht aus ihr Geistzeit es wird wertvoller	Verdünnung des Glaubens Oberflächengeschehen wird wichtiger Der Geist der Zeit wird in der Kirche bestimmend er erfasst die Zeit und prägt sie nach dem Zeitgeist es wird „billiger"/„Billige Gnade" (Bonhoefer): Gottes Zu-Spruch wird weitergegeben, sein An-Spruch bleibt eher vage und nebulös.
Gott steht in der Mitte und damit steht auch der Mensch in der Mitte / Gottes Wohlwollen gilt allen (er will das Wohl aller), doch Gottes Wohlgefallen gilt dem, der seinen Weg geht (sonst würde ja die Sünde Gott gefallen)	Mittelpunkt und Ausgangspunkt ist „der Mensch", seine Bedürfnisse, Gott gerät an den Rand / sein Wohlgefallen gilt allen / oft fehlt in diesem Denken die Schubkraft zur Umkehr (es kann alles so bleiben)

Wie alle Gegenüberstellungen hat auch diese ihre Einseitigkeiten, aber sie verhilft zu einem ersten Blick.

Was die Kirche des Himmels angeht: immer, wenn ich die Allerheiligenlitanei irgendwo gesungen erlebe oder sie mitbete, dann bin ich dadurch getröstet und sage mir: wenn diese alle auch die schwierigen Glaubenswahrheiten durchgestanden haben, dann wird es mir auch gelingen. Katholisch sein heißt ja „allumfassend". Das bedeutet weniger „Hier darf alles sein" sondern allumfassend bedeutet: Ich glaube auf die Hoffnung hin, dass ich das jetzt noch nicht Verstehbare später einmal verstehen kann und auch annehmen.

So ist Kirche ein vielschichtiger Begriff. Man kann ihn inklusiv verstehen oder auch teilgruppenspezifisch. Wen oder was meint einer, wenn er von Kirche spricht? Für mich ist sie weitgehend eine geistige-geistliche Wirklichkeit als Summe aller anderen Vorstellungen. Und ich habe sie, die Kirche,. damit längst nicht erkannt. Es bleibt immer noch ein Rest.... Aber vielleicht ist das gerade gut so! Auch ein Ehepartner bleibt nach vielen Jahren ein Geheimnis....

KIRCHE VERSTEHEN LERNEN.....

.....durch ein Studium ihres Auftrages

Kenne ich meine Kirche wirklich? Habe ich sie studiert? Bin ich ihrem Denken auf den Grund gegangen? Wo, an welcher Quelle nähre ich mein Kirchenbild? Aus rein gesellschaftlichen Prinzipien, die dort stimmig sein mögen aber vielleicht nicht immer bei der Kirche!

Die Kirche ist für den Menschen da – deshalb soll die Kirche auf den Menschen hören. Ja, hören soll sie, auf das, was er braucht. Vielfach erkennt sie, was er wirklich braucht. So sehr die Kirche für den Menschen da sein soll, so sehr ist sie darin in vielen Dingen auch gebunden an das Ursprungswort Christi. Für den Menschen da sein bedeutet ja nicht, in allem seinem menschlichen Willen zu folgen, sondern die Kirche ist auch dann für den Menschen da, wenn sie seine Versuche abblockt, eine Umgehungsstraße an der Weisung Gottes vorbei zu bauen. Die Kirche hat größeren Weitblick. Wo der Mensch sein kleines Glück schon als das Letzte betrachtet, da hat sie immer das große Glück des ewigen Lebens im Blick, da spricht sie vom Ziel des Lebens und sorgt sich – auch mit „unmodernen" Gedanken darum, dass der Mensch dieses Ziel auch erreichen kann und erinnert ihn daran.

Ein schönes Beispiel dafür ist die Begebenheit mit dem Lahmen Mann im Tempel.
Als Petrus und Johannes in den Tempel kommen, da erwartet er ganz selbstverständlich auch von ihnen genau das, was er haben will: Gold und Silber. Petrus aber erfüllt diese Erwartung nicht, sondern gibt ihm etwas anderes, weitaus wichtigeres. Statt dem Menschen zu geben, was der sich wünscht, gibt er ihm einen Blick - nämlich den Blick nach oben . Der Gelähmte hatte bisher nur seinen Blick nach unten gerichtet: auf das Irdische (symbolisiert in dem Geldbecher zu seinen Füßen), worin er sein Heil sieht: seine eigenen Vorstellungen irdischer Art sind darin verborgen. Petrus sagte nur zu ihm „Schau uns an!" Da musste er zwangsläufig nach oben schauen, vom Erdboden weg, gen Himmel. Petrus tut, was Seelsorge tun soll: Den Blick heben helfen, nach „oben". Die Heilung des Menschen beginnt da erst, als er wieder nach oben schaut. So sind auch die Reformerwartungen zu prüfen: ob sie aus dem Blick nach unten, auf das Irdische kommen und sich von dorther begründen, oder ob sie Ideen von oben sind.

Die Erinnerung an Querstehendes zu unserem Denken scheint vielen heute und zu allen Zeiten, unpassend und störend zu sein, deswegen soll die Kirche den Menschen zu Diensten sein nach dem, wie der Mensch es will - erst dann wäre sie menschlich. Und manche nennen diese irdisch gerichteten Erwartungen dann sogar „Quelle von Wahrheit" und wollen, dass diese die Kirche bestimmt und sie somit davon ablässt, Unruhe zu bringen in beruhigte Menschen-konzepte. Ich meine dagegen: dann wäre sie von allen guten Geistern verlassen, wenn sie die Signale reduzieren würde, den Menschen aufzuwecken für den Ernstfall des Lebens, der in jeder Minute stattfindet im Wechselspiel menschlichen Wollens und göttlichen Wollens. Wenn die Kirche die Bedeutung der göttlichen Weisung tapfer beibehält, dann ist sie in ihrem Element, dann tut sie das, was sie tun soll.

KIRCHE VERSTEHEN LERNEN.....

.....durch ein Studium dessen, was wirklich menschlich ist

Was heißt es überhaupt, die Kirche soll menschlich sein? Was ist das, menschlich sein? Ist es das, was Menschen tun in dieser Welt, all das Gräßliche und Unverstehbare? ...der egoistische Wesenszug mit seinen Folgerungen? Ist das menschlich, was so alles zwischen Menschen passiert.

Zu den Steinen hat einer gesagt: Seid menschlich!
Die Steine haben geantwortet: Wir sind dafür noch nicht hart genug!

„Menschlich[A1]“: dieses Wort wird ja auch genannt als Wunsch an die Kirche. „Sei menschlich, Kirche, dann bist du gut!“ Aber ist es das, was der Mensch wirklich von der Kirche braucht? Heißt „sei menschlich!“ vielleicht auch: lass uns doch mit dem Göttlichen in Ruhe, das uns herausfordern will aus dem Allzumenschlichen heraus. Ich misstraue den Bestrebungen, die Kirche menschlicher zu machen, weil das nicht weiterbringt.

Nein, der ungeklärte Begriff „menschlich sein", dient keineswegs als Appell an die Kirche. „Nicht eine menschlichere Kirche brauchen wir, sondern eine göttlichere, dann wird sie auch wahrhaft menschlich werden!“ (J.Ratzinger/Benedikt XVI,)

Was wahre Menschlichkeit bedeutet, das erfahren wir, wenn wir die Menschwerdung Gottes betrachten. Gott wird ein Mensch, kommt zur Erde, als Gottes Sohn. Er ist nicht nur ein Mensch (der Mann aus Nazaret), sondern er bleibt auch Gott. Er ist Gott von Gott, wie wir es im Credo bekennen. Wäre Jesus nur ein, wenn auch besonderer Mensch gewesen, wären wir wohl im Menschlichen und Allzumenschlichen stecken geblieben. Weil Jesus Gott ist, trägt er den Glanz des Göttlichen an sich, und diesen Glanz des Göttlichen will er in das Menschsein hineinbringen, und es dadurch wirklich qualifizieren. Ein von Christi Göttlichkeit durchdrungener Begriff von Menschlichkeit, den kann man dann auch als „Anspruch“ an die Kirche stellen: Sei menschlich – aber vom Göttlichen berührt.

Diese Göttlichkeit also auch für die Menschen, die dadurch wirklich erst menschlich werden. So will die Kirche durch ihre Botschaft, die Menschen und die Welt vergöttlichen, sie mit göttlichem Glanz beschenken, damit sie Abglanz Gottes sein können in dieser Welt, und Menschen werden nach dem Bild Christi.

Ein Blick in die Realität zeigt, dass dort, wo das Göttliche verlorengeht, dann wird der Mensch zu einem, der nur noch Materie kennt und nur noch Mutter Erde (Mater terra=Mater-ie) Erde anbetet, aber nicht mehr den Vater im Himmel). Irgendwann wird er selbst einmal zum Material, über das man verfügen kann. Alle radikalen Systeme, ob links, ob rechts, haben das Göttliche am Menschen geleugnet, dem Menschen abgesprochen und entsprechend unmenschlich sind sie mit dem Menschen umgegangen, haben ihn zur Verfügungsmasse gemacht. Auch heute sind wir von solchen Geschehen begleitet.

Wenn das Göttliche verloren geht, dann ist auch das Kind im Mutterschoß verloren; denn dann ist es nur noch ein Zellhaufen, ein Material, mit dem man beliebig verfahren kann . Menschlich? Wenn man dem Menschen seine Göttlichkeit (Gotteskindschaft und Gottesgeschöpflichkeit) abspricht, was bleibt dann? Das „menschliche“? Wenn das Göttliche verloren geht, dann ist auch unser Leib, unsere Geschlechtlichkeit, unsere Geschlechterrollen, alles nur noch Material, uns verfügbar zu Händen. Wenn die Anerkennung des Göttlichen fehlt, dann ist auch die Bibel nur noch Menschenwerk, die Gebote Gottes nur noch Menschensatzung, die Kirche nur noch ein eingetragener Verein oder nur noch Institution, die Sakramente nur noch Symbole, die Eucharistie nur ein Mahl von Brot und Wein, und alles ist Material, das wir nach Belieben gebrauchen und formen können, wie wir es gern hätten: auch die Ehe und was wir sonst noch segnen wollen. – Bewahre uns Gott doch davor, dass es in unserer Gesellschaft rein „menschlich“ zugehen würde. Und auch die Kirche soll nicht menschlich sein sondern göttlich.
Menschlich, allzu menschlich, erschreckend menschlich ist es in der Kirche z.B. beim Mißbrauch

von Kindern zugegangen, unter Absage an das Göttliche haben sich hier Menschen selbst ermächtigt, Gottes Gebote – das Göttliche – zu „vergessen“. Wenn wir die Kirche nach menschlichen Prinzipien verstehen, kommt oft nur etwas Allzumenschliches heraus, eher Unordnung! Darum Vorsicht vor dem Ruf, die Kirche müsse menschlicher werden. Ist das nicht vielfach die Absicht, eine Umgehungsstraße rund um Gott, seine Weisungen und seine Rechte zu bauen?

KIRCHE VERSTEHEN LERNEN.....
....durch den Blick auf das Lebensziel

Demokratisch kann man über die Wahrheit Gottes nicht befinden (täte man das, wären längst Jesus als Sohn Gottes und als Auferstandener sowie unsere eigene leibliche Auferstehung aus dem Glaubensbekenntnis verschwunden, denn der empirische Befund lautet, dass hier nur noch ein Drittel der Christen an diese zentralen Glaubensinhalte glauben). Da, wo Demokratie und modernes Denken sich der Weisungen Gottes bemächtigen, da geht dann per Mehrheitsverhalten das Lebensrecht Ungeborener und das Gefühl dafür verloren, weil die Gewohnheit zum Maßstab wird; da soll die Kirche alles segnen, wenn es schon zum Üblichen zählt, durch Mehrheitsbeschluss.

Spüren wir, wie sehr Kirche hier zum dienstbaren Geist für menschliches Wollen gemacht wird? Die neue kirchliche Dienstordnung, die darauf verzichtet, den persönlichen Lebensstil eines kirchlichen Bediensteten mit der Messlatte von Glauben und Lehre der katholischen Moralvorstellungen zu begutachten, wird ungewollte Folgen haben. Der Verzicht auf Übereinstimmung zwischen Lebensstil und kirchlicher Ordnung macht schließlich aus der kirchlichen Lehre ein Museumsstück, und der Gläubige wird sich fragen, weshalb er sich nach dieser überhaupt ausrichten solle, wenn es doch kirchliche Mitarbeiter nicht tun müssen? So verdunstet ein weiteres wichtiges Teil des katholischen Glaubens. Und die, die als Mitarbeiter/innen der Kirche z.B. in Ordinariaten an den Schalthebeln sitzen, haben von dort aus auch noch die Möglichkeit, die Kirche nach ihren Maßstäben zu gestalten und haben dafür den Apparat der Kirche zur Verfügung. Denn die Wünsche und Forderungen an die Kirche werden wohl nie aufhören!

So schrieb ein in schwuler Beziehung lebender Bediensteter des Generalvikariats einer deutschen Diözese auf der Homepage seines Bistums, er fühle sich erst dann von der Kirche als Schwuler anerkannt, wenn diese auch seine zahlreichen sexuellen Nebenkontakte als wesentlich für sein Schwulsein ein anerkennen würde! Diese Nebenkontakte gehören nach allgemeiner schwuler Weltanschauung und offizieller Verlautbarungen der Szene wohl konstitutiv dazu! Der Ordinariatsmitarbeiter ging also von der Defensive zur Offensive über und nutzte dort sogar die Homepage eines Bistums. Ich beschreibe diesen Fall so ausführlich, weil er ein Zeichen dafür ist, wie man sich der Kirche bedienen kann, um gegen sie zu wirken. Zugleich ist es für mich ein Hinweis dafür, dass wir recht kurzfristig denken vom Willen und Wollen des Menschen her, und uns als Kirche allzuschnell auf die Befriedigung alltäglicher Wünsche einlassen, und uns in einer solchen Weise so mit den vergänglichen Gütern beschäftigen, dass dabei der Blick und die Bedeutung der ewigen Güter verloren geht. War es früher wichtig, Gott zu gefallen, sind wir heute menschlich geworden, und schauen darauf, dass wir selbst unserem Ich gefallen.

Menschen früherer Tage haben sich um des Lebenszieles willen manches vom Mund abgespart, will heißen, haben ihren menschlichen Willen dem Willen Gottes eingeordnet und dabei manches in Kauf genommen, das sich aber im Hinblick auf das Ziel in Gold verwandelte. Wenn es jedoch nur noch um irdisches Gold geht, das kleine Glück unserer Erdentage, dann muss man alles daran setzen, alles zu beseitigen, was diesem kleinen Glück zuwider läuft – und die Kirche soll dabei mitmachen. Meine These ist: je ernster ein Mensch die Möglichkeit des Scheiterns seines Lebenszieles nimmt, umso dankbarer wird er dafür sein, wenn die Kirche ihn daran erinnert. Die Kirche verstehen kann ich also, wenn ich vom Ziel des Lebens her denke und so ihre Sorge um den Menschen und viele Verlautbarungen verstehe (in Bereichen, wo die Kirche um ihres Auftrages und um des Menschen willen l a u t werden m u s s).

KIRCHE VERSTEHEN LERNEN.....

....durch den Heiligen Geist als ihren Führer

Die Kirche ist Hinweiszeichen auf den Ganzanderen – auf Gott – und das Ganzandere, das damit verbunden ist. Wäre sie nur eine menschliche Erfindung, dann gäbe es sie bei allen Katastrophen in ihren eigenen Reihen längst nicht mehr. Dann wäre sie längst vom Erdboden verschwunden.

Das Überstehen der schlimmsten Zeiten, der eigenen Fehler, lässt darauf schliessen, dass sie vom Heiligen Geist geführt, getragen, und im Leben gehalten wird. Im Mittelalter lebte ein Jude in Rom und ließ sich irgendwann einmal taufen. Auf die entsetzte Frage seiner Mitmenschen („Wie kannst du nur angesichts der schlimmen Zustände rund um das Papsttum – damals – katholisch werden") antwortete er: „Genau deswegen! Wenn die Kirche trotz dieser Zustände weiterhin existiert, ist das für mich ein Zeichen dafür, dass sie in der Wahrheit steht und der Hl.Geist in ihr wirkt.!"

Die heute anstehenden Fragen (Priestertum der Frau, Weglassen der Verbindung Priesteramt-Ehelosigkeit und die Anfragen an die Sexualmoral) gab es schon seit 50 Jahren, schon vor 100 und auch 200 oder 300 Jahren. Man kann sagen: hier ist nichts geschehen, weil die Kirche sich zugesperrt hat, also auf den Geist nicht gehört hat. Man kann aber genau so sagen: In diesen Punkten hat sich auch trotz den Angriffen in allen Jahrhunderten nichts verändert – weil der Hl.Geist es nicht wollte und verhindert hat. Wenn der Gottesgeist gewollt hätte, dass sie umgesetzt werden sollen, dann hätte er das lange schon in Gang gesetzt, um der Kirche unnütze Auseinandersetzungen zu ersparen. Ich sehe also in der Nichtumsetzung dieser Wünsche eine klare Handschrift des Geistes. Zur Kirchlichkeit gehört es auch, einmal Festliegendes als solches anzuerkennen, auch wenn ich´s noch nicht verstehe. Das ist Katholisch s e i n. Der Geist Gottes wirkt dann oft so, dass er zwar die menschlichen Wünsche nicht 1:1 umsetzt, aber doch dafür sorgt, dass insgesamt das Verstehen einer Wahrheit wächst. Er lässt die Glaubenden entdecken, was trotz der grundsätzlichen Grenzziehung dennoch im Rahmen einer Wahrheit getan werden kann. Er führt uns tiefer ins Verstehen ein.

✠ So ist uns heute z.B. aufgegangen und bewusst geworden, dass wir noch vieles tun können, die Frau noch stärker und selbstverständlicher einzubinden in die ihr möglichen Verantwortungsbereiche in der Kirche. Gott sei Dank beginnt sich das in ausdehnendem Maß zu verwirklichen, bis in die Bischöflichen Ordinariate hinein, wo Frauen mehr und mehr Leitungsaufgaben inne haben, bis hin zu Generalsekretärinnen von Bischofskonferenzen

Ebenso gehört dazu der gewachsene neue Blick auf die Charismen und Wirkungen, die Frauen *immer schon in der Kirche hatten* und hinterlassen haben, auch ohne das Priesteramt zu haben. Nach dem Motto: Siehe, was es doch alles schon gibt und gegeben hat! Bisher gilt (was die Frau in der Kirche angeht) meist ein von Klagen und Minderwertigkeitsempfindungen geprägtes Bild. Dabei wird jedoch all das gering geschätzt, was Frauen an Bedeutungsvollem in die Kirche eingebracht haben, was man allerdings nicht „sieht", weil man es von einer falsch gestellten Fixierung (ans Priestertum) und nur von der Machtfrage her betrachtet. Dabei wird das Wirken der Frau in der Kirche erst recht geschmälert. Wenn man überhaupt von der Machtfrage ausgeht, dann ist wirklich zu überlegen, ob Frauen nicht doch sogar viel mehr (unterschwellige) Macht hatten, einfach indem sie sich mit ihrer Kraft eingebracht haben.

Das ist auch ein Wirken des Geistes, wenn er uns hilft, diesen Blickwinkel der Lehre und und Praxis der Kirche (also „die Frau in der Kirche") tiefer zu verstehen, ohne daraus den Schluss ziehen zu müssen, den die heutige Gesellschaft zieht. Und es wäre schön, wenn es dem Geist gelingen könnte, die Frage des Priestertums für die Frau herauszuholen aus einem unsortierten Wut-und Ärger-Gemisch, und aus dem Minderwertigkeitsdenken, so als ob nur das Priesteramt die Frau groß machen könnte.

Papst Franziskus hat im November 2022 erneut die Möglichkeit eines Frauenpriestertums in der katholischen Kirche ausgeschlossen, nicht aus eigener Idee heraus, sondern mit einem vernünftigen und realitätsgerechtem Denken, das keine anderen Schlüsse zulässt (ohne ansonsten die Grundlagen des Katholischen zu beschädigen, und „Einbrüche" an anderen Stellen zu riskieren). Im Interview mit dem "America Magazine" der US-Jesuiten erklärte er, dass dies ein theologisches Problem sei. "Wir amputieren das Wesen der Kirche, wenn wir nur auf die Weiheämter schauen", so das Kirchenoberhaupt. Der Weg sei nicht nur das geweihte Amt. Das Nein zur Frauenweihe sei aber keine Benachteiligung. "Dass Frauen nicht in das Ämterleben eintreten dürfen, nimmt ihnen nichts weg, nein", äußerte sich der Papst. Vielmehr spiegele sich die Würde der Frau direkt in der Kirche, die ebenfalls weiblich ist, wider. Leider habe die Kirche bislang "zu oft versagt", dieses Prinzip in der Katechese zu erklären. In der Kirche gebe es sowohl das petrinische als auch das marianische Prinzip, so Franziskus; die Weiheämter hingen mit dem petrinischen Prinzip zusammen, Frauen hingegen seien dem marianischen Prinzip zugeordnet, das "noch wichtiger" sei. Es sind zwei unterschiedliche Schienen, so könnte man sagen, auf denen beide Prinzipien fahren, zum gleichen Ziel, nebeneinander, doch eine Vertauschung der Schiene führt zum Stillstand. "Die Kirche ist Frau. Die Kirche ist Braut. Darum muss die Würde der Frau auf dieser Linie widergespiegelt werden" Weiter betonte Franziskus etwa die Bedeutung von Frauen in administrativen Positionen. "In dieser Hinsicht glaube ich, dass wir den Frauen mehr Raum geben müssen. Hier im Vatikan funktionieren die Stellen, an denen wir Frauen eingesetzt haben, besser", so der Papst. So habe er etwa im vatikanischen Wirtschaftsrat fünf der sechs Stellen für Laien mit Frauen besetzt. "Das war eine Revolution", sagte Franziskus. (zu Frau und Kirche – siehe spätere Seiten).

Kaum zu glauben, aber wahr! ..dass die Kirche am männlichen Priesteramt festhält, ist keine Wertaussage über oder gegen die Frau (auch, wenn das so aussieht oder sich so anfühlen mag!), sondern hat einen anderen Grund. Die Kirche sagt der Frau ihre Wertschätzung an anderer Stelle – wenn auch (zugegeben) immer noch nicht deutlich genug.

KIRCHE VERSTEHEN LERNEN

.....als fortlebenden Christus

Die Kirche ist der fortlebende Christus in der Zeit, so sagt es der Glaube. Und er führt das auf eine Aussage Jesu zurück. Als Saulus (der spätere Apostel Paulus) die Kirche verfolgte, da stellte sich ihm Christus eines Tages in den Weg und ließ ihn vom hohen Ross fallen. Und als Jesus den Saulus/Paulus auf seine Verfolgung der jungen Kirche ansprach, da fragte Jesus nicht „Warum verfolgst du die Kirche!“ sondern er sagte „Warum verfolgst du m i c h?“ So sehr identifiziert sich der Herr mit seiner Kirche! „Wer euch hört, hört mich!“ ...ein unserem Freiseindenken sicher diametral entgegenstehender Satz, aber ist er deswegen schon falsch?

Die Ablehnung der Kirche: ist sie nicht auch der Versuch, dem auszuweichen, was sie im Auftrag Christi den Menschen sagen soll? Ja, sie ist selbst Sünderin, wie die Tradition sagt, aber sie ist auch Heilige! Heilige Sünderin, sündigende Heilige! Und gerade darin ein Geheimnis. Ein Geheimnis dafür, wie Sünde und Heiligkeit in einem Menschen drinstecken können.

Um den Partner verstehen zu können, muss man ihn auch als „Heiligen und Sünder zugleich“ verstehen; als Menschen mit seinen Stärken und als den schwachen Menschen. Um den Partner verstehen zu können, muss man ihn mit den Augen eines Verliebten anschauen, muss man ihm in die Augen schauen als Liebender, und nicht technisch, wie das ein Optiker tun muss. Nur der liebende Blick in die Augen der Kirche lässt uns entdecken, dass sie eine symbolisch-sakramentale Gestalt hat (das habe ich in meinem Buch: OBEN – Meditationen und Gedankensprünge...zur Wiedergewinnung der Transzendenz, Fromm-Verlag, S. 52 ff. versucht zu beschreiben und das kommt hier auch an vielen Stellen zur Sprache)

&) KIRCHE VERSTEHEN LERNEN.....

.....durch ein symbolisches / sakramentales Denken

Symbolisch heißt: in ihr muss zusammenpassen, was zusammengestellt wird. Symbol – dieser Begriff aus der Antike besagt folgendes: etwas, das zusammen passt. Wenn damals der Vasall eines Königs zum Statthalter einer Stadt gemacht wurde, dann brach man eine Münze in zwei Teile. Eine Hälfte nahm der Vasall mit, die andere verblieb beim König. Wollte nun der König dem Vasallen eine Botschaft senden, so bekam der Bote auch die Münzhälfte des Königs mit, sozusagen, um sich als der wirkliche Bote des Herrn auszuweisen: denn die beiden Hälften wurden bei seiner Ankunft zusammengelegt. Passte es – dann passte es, dann war es stimmig. Passte es nicht, dann.....

Einen nur halben Kreis macht man damit nicht zu einem ganzen Kreis, in-dem man ein halbes Quadrat an ihn anfügt. Da wird kein Ganzes entstehen. Das Zusammenzufügende muss zusammen passen.

Stimmig kann – auch im Glauben – nur sein, was zusammen passt. Dies möchte ich am Beispiel der Frage nach dem Priestertum der Frau demonstrieren, wobei der Zölibat gleich mitbedacht werden kann

KIRCHE VERSTEHEN LERNEN..... 

......in ihrer Haltung zum Priesteramt für die Frau

Die eigentlich ganz einfache Antwort auf die Frage, weshalb die Frau nicht zum Priesteramt zugelassen werden kann, liegt in dieser Symbolgeschichte begründet – und ist nicht als Abwertung der Frau, gemeint, sondern im Gegenteil - als Ernstnehmen ihres Wesens und der unterschiedlichen Symbolkraft von Mann und Frau. Hier geht es darum......

KIRCHE VERSTEHEN LERNEN..... 

......im Verstehen der Repräsentanz Christi im Priester

Wer ist der Priester? Er ist insbesondere in der hl.Messe der Repräsentant Christi. Er vergegenwärtigt Christus, hier in amtlicher Weise, für die Gläubigen. Er handelt in der Person Christi. Christus repräsentieren kann jede/r Getaufte, doch im Vollzug der hl.Messe, in diesem Mysterienspiel, tut es der Priester als amtlich Beauftragter; er stellt Christus dar, er steigt in seine Person ein (dazu das Messgewand, das den Priestermann XYZ verhüllen und Christus aufzeigen soll), Der Priester „ist" Christus und stellt ihn dar: IHN – den Bräutigam der Kirche, die seine Braut ist.

KIRCHE VERSTEHEN LERNEN 

.....in der Bedeutung Christi als des Bräutigams

Wenn das Weihepriestertum Christus gegenwärtig setzen will, muss die Zeichensprache stimmen, die Symbolhälften müssen zueinanderpassen .... Damit es stimmt!

Um das zu verstehen, müssen wir zurückblicken in die Zeit Jesu, sein Auftreten und Wirken im Volk Gottes der Juden damals.

Alle Welt des Judentums erwartete die Ankunft des göttlichen Bräutigams, der angesagt war seit langer Zeit durch die Propheten und von dem die Hl,Schrift der Juden (unser heutiges Altes Testament) auf fast allen Seiten sprach. Es gab also eine Sehnsucht nach dem Bräutigam, nach Gott selber und nach dem Hochzeitsfest, das in der Bibel als Chiffre für die tiefe Vereinigung zwischen Gott und Mensch steht......für den Zeitpunkt, wenn Himmel und Erde sich vermählen. Auch im Neuen Testament wird dieser Begriff an zahlreichen Stellen weitergeführt.

Der Bräutigam, also ein Mann wurde erwartet, damit es stimmt, damit die Symbolhälften zueinander passen. Die eine Hälfte des Symbols = die Erwartung des Bräutigams. Die andere Symbolhälfte: Jesus als Mann. Da machte es gewissermaßen Klick – und es stimmte. Jesus – als Mann war also eine unabdingbare Voraussetzung, die nicht besagte, dass eine Frau dadurch weniger wert sei. Woher kommt es, dass wir heute hingehen und uns beklagen, man würde uns etwas vorenthalten, wenn ein anderer etwas tun darf, was uns nicht gegeben ist? Dieses Verhältnis von Gott/Christus = Bräutigam - und Volk Gottes (d i e Kirche) ist ein heiliges Mysterienspiel, das in jeder Heiligen Messe „gespielt"/dargestellt wird, und da müssen die Rollenbesetzungen auch stimmen.

KIRCHE VERSTEHEN LERNEN.....

.....in der Ehelosigkeit ihrer Priester als stimmiges Zeichen

Und eine zweite Voraussetzung, damit es stimmte, war: Jesus musste unverheiratet sein. Ein Verheirateter, der sagt: Ich bin der Bräutigam, den ihr von oben erwartet, damit die Hochzeit zwischen Himmel und Erde gefeiert werden kann – dessen Zeugnis stimmt nicht, oder ist zumindest eingeschränkt. Der da kommt als Bräutigam musste unverheiratet sein. Der darf an seiner Seite nicht schon eine Frau haben, sonst kommt das Symbol des Bräutigams nicht zustande, kann es nicht wirken. Der unverheiratete Mann Jesus mit einem freien Platz an seiner Seite .... der signalisierte eindeutig: Der Bräutigam ist gekommen! Der leere Platz an Jesu Seite war die klare Einladung an das Volk Gottes als Ganzes, sich als „Braut", als geliebte Braut Gottes zu begreifen und sich an die Seite Jesu zu begeben. Hätte eine Frau an Jesu Platz gestanden, wäre die Signalwirkung nicht entstanden.

Dass beide Geschlechter alles darstellen können und austauschbar sind in ihrer Signalwirkung, ist eine Erfindung unserer Tage (und eine Genderbehauptung) – und sie stimmt nicht und beraubt die Geschlechter (Mann und Frau) ihrer wesentlichen Unterschiede, die einen Unterschied machen.. Die ganze schreckliche Gleichmacherei zerstört die Landschaft und lässt Öde entstehen anstatt spannende Geschlechterdynamik.

KIRCHE VERSTEHEN LERNEN.....

.....in ihrer eindeutigen und durchgehaltenen Geschlechterdifferenz

Stellen wir uns vor: wir sind zu einer Hochzeit eingeladen und in der Kirche...da zieht das Brautpaar ein: sie im Anzug des Mannes...und wird ständig als Bräutigam angeredet.....Er im Brautkleid und wird ständig als Braut angesprochen. Verrückt, nicht wahr! Hier sind die Rollen verrückt (verrückt im Sinne von: von der richtigen zur falschen Stelle gerückt), sind auch die Menschen verrückt (im Sinne von verwirrt). Heute ist das vielleicht im Gender-Wahnsinn möglich, die Herumschieberei der Geschlechter, aber der gesunde Menschenverstand sagt zu dem vertauschten Brautpaar: Bei euch stimmt es nicht! Und das ist wahr: hier stimmt ganz Entscheidendes nicht!

Dieses „hier stimmt etwas nicht"-Empfinden hatte ich bei einer Messe im Fernsehen, aus der Altkatholischen Kirche, die Priesterinnen hat. Als die Priesterin einzog, spürte ich zunächst unbewusst etwas, bis es mir bewusst wurde: hier verwirrt der Rollentausch alles. Wie bei dem falsch sortierten Brautpaar (s.o.)! Die Braut ist hier in der Rolle des Bräutigams! Kann das gut gehen, tief in der Seele, wo die alten Seelenbilder von Hochzeit, von Bräutigam und Braut ruhen und leise, aber sicher unser Leben begleiten? .....jene archetypischen Seelenbilder, von Braut und Bräutigam und Hochzeit, die wohl in allen Menschen verborgen da sind und deswegen wohl auch in allen Religionen eine Rolle spielen, in den Märchen, deren Wirken man wohl mit heilsam bezeichnen kann. Darf man die so ohne weiteres „schädigen" durch eine Verdrehung (lat.Perversion), also eine Version, die alles verdreht, um alles *umzustürzen (=eine der Wortbedeutungen von Perversion)*. Geht es nicht bei den Rollenverdrehungen in unserer Zeit mitsamt LGBT....-ideologien um einen Umsturz in den Seelen der Menschen und von dort her in der Gesellschaft? Marxisten und Leninisten haben sich bereit Anfang des 19.Jahrhunderts als Ziele auf die Fahne geschrieben: die westlichen Länder durch den Umsturz vor allem im Bereich Ehe-Familie und Sexualität umzudrehen und zu revolutionieren. Und sie – die Träger dieser Ideologie, die Linke, beginnt damit folgerichtig bei den Kindern und „verdreht“ sie. Während die moderne Gesellschaft dieses Geschehen mit Beifall versieht, geschieht leise eine Verdrehung: und plötzlich ist ein Tisch ein Stuhl, ein Stuhl ist ein Tisch usw. normal wird zu unnormal und so weiter

Im Theater, in den Komödien oder auch Dramen wird solch eine Verdrehung, ein Rollentausch zumeist als Persiflage gespielt und ist da auch sofort erkennbar als solche und die Persiflage soll das Lachen verstärken. Aber bei der gesellschaftlichen Entwicklung ist es ernst!

Und dann bei der Wandlung, als die Priesterin diese typischen Worte Jesu sprach, da wurde mir erst so richtig klar, dass hier ein vertauschtes Brautpaar im Spiel ist. Hier spricht die Braut die Worte des Bräutigams. Hier wird das Mysterienspiel vom gebenden Bräutigam (Christus) und der empfangenden Braut völlig auf den Kopf gestellt (und verdreht). In dem Moment der heiligen HANDLUNG; wo der Priester sozusagen in der Person Jesu des Bräutigams, in der Person des Hauptes da steht und spricht, wo seine Person zurücktritt, damit er Christus den Bräutigam gegenwärtig macht, bis in seinen Leib hinein, und dann sagt: „Dies ist mein Leib…“ dann stimmt das Symbol, weil hinter den Worten des Priesters sein männlicher Leib steht. Denn an dieser Stelle spricht der Priester als Jesus in der Ich-Form: „Das ist mein Leib“ – und Jesus spricht es durch den Priester. Und da bestätigt sich diese „Erklärung“ am Leib des Priesters und wird dort wahr. Der Priester spielt hier eben nicht nur die Rolle „Jesus“, sondern er spricht und handelt in der Person (in persona) Christi. Dies ist auch einer der Gründe für die Meßgewänder, die Paramente. Indem der Priester sie anzieht, verhüllt er sich und lässt in dieser Verhüllung Christus noch mehr sichtbar werden. Dort steht ein Mann, auf dessen Namen es jetzt nicht ankommt, nicht auf seine Gesichtszüge und Beschaffenheit …. Christus soll durchscheinen. So bereiten die Paramente uns daraufhin vor, im Priester mehr Christus zu sehen als diesen Priester….. Parare mente – heißt das im Lateinischen: zu deutsch: Bereite deinen Geist vor ……

Im Zeugungsakt ist es der Bräutigam (Mann), der in seine Braut (Frau) etwas von außen hereinbringt, ohne dass Leben in ihr nicht werden kann. Der Priester als Mann symbolisiert damit, dass die Kirche (Braut) nicht aus sich selbst Leben erzeugen kann (ewiges Leben), sondern es braucht dazu die Gabe des Leibes („Das ist mein Leib für euch hingegeben“) ihres Bräutigams. Das ist ein wichtiges Zeichen und muss stimmig sein, weil wir beim Feiern des Gottesdienstes nicht nur das Gehör oder den Verstand brauchen, sondern die tiefen Seelenbildern eine wichtige Rolle spielen. Werden diese falsch genutzt, kommt es innerseelisch zur Verwirrung und die Symbole (das Zusammenbringende) werden zu Diabolen (Auseinanderbringendes).

Aus diesem Grunde geschah es bei mir, dass meine Seele in dieser altkatholischen Messe eine Störung der Stimmigkeit anzeigte, als die Priesterin sagte: „Das ist mein Leib“! Ich bitte herzlich darum, dies nicht als Abwertung der Frau zu lesen, sondern es war meine Weise und meine Sicht verstehend mit diesem Thema umzugehen und seine Tiefen auszuloten – damit es „s t i m m t“

KIRCHE VERSTEHEN LERNEN.....

...weil sie durch die Geschlechterdifferenz der Frau mehr dient, als weithin gesehen wird.

In unserer Gesellschaft soll es Unterschiede nicht mehr geben. Alles muss gleich sein, gleich angesehen und gleich behandelt sein. Das macht nicht nur alles fürchterlich monoton, sondern auch langweilig. Wenn man eine interessante Landschaft einebnen würde, planieren, die Hügel weg nehmen... dann hätte sie den bisherigen Reiz verloren.

Unsere Schöpfung spricht in allem von zwei gegensätzlichen Polen, von denen her das Leben kommt. Mann und Frau, Tag und Nacht usw. Nicht das Eingeebnete und Gleichgekämmte bringt Freude ins Leben. So gilt auch trotz aller Gleichdenkerei ein Unterschied zwischen Mann und Frau, wie zwischen Tag und Nacht.... der nicht ohne ist. Bei allem modernen Denken über den Zeugungsakt eines Menschen, wonach es doch das gemeinsame Tun und Geschehen von Mann und Frau sei, bleibt doch eine natürliche Differenzierung erhalten: der Mann bringt in seinem Samen etwas von außen, das nicht naturgemäß in der Frau ist. Der Mann also versinnbildlicht das von Außen Kommende, auf das wir angewiesen sind. Die Frau versinnbildlicht das, was im Innern schon vorhanden ist, aber zur Entfaltung etwas von außen braucht....und ist damit das Ur-Bild des glaubenden Menschen schlechthin.

&) Übertragen wir diese Erkenntnis ins Theologische hinein, dann nehmen Frau und Mann je unterschiedlich verschiedene wichtige Aspekte wahr und werden damit zum „sakramentalen“ Zeichen für etwas anderes: die Frau wird zum Zeichen für die Menschheit, für die Kirche, das uns sagt: dass die Menschheit und auch die Kirche Empfangende sind, und das Heil nicht selber machen oder horten können. Der Mann wird in diesem Zusammenspiel zum Zeichen für den sich schenkenden Gott. Auch das ist, wie die anderen Bilder über Mann und Frau etwas, das tief in unsere Seelen eingeschrieben ist.

Jetzt kommt auch der Mann als Priester noch einmal ganz anders in den Blick. Er bringt authentisch die Botschaft, dass kein Mensch und auch keine Gemeinde aus sich heraus das Heil findet, wenn nicht etwas von außen dazugegeben wird. Innerseelisch klickt es, wenn der Priester als Mann handelt und verkündet. Dieser Aspekt ist kein zwingender; man könnte ihn auch beiseite lassen, aber er ist dennoch sinnvoll, um das Ganze zu erkennen und zu verstehen. LGBT....-Theorien und ein quer angelegtes Menschenbild versuchen hier mit erdschweren Gedanken den Menschen neuen Sichtweisen anzubieten. Und da ist die Kirche (es ist kaum zu glauben!!!) jene Institution, die die Frau als Frau wirklich ernst nimmt, auch in ihrer Würde, die ihr als Frau und als Mutter zusteht.

Der Begriff „Geschlechtergerechtigkeit“ jedenfalls ist keiner, denn man so einfach auf die Kirche übertragen kann, auch wenn das Anliegen nicht verkehrt ist. Nur sieht die Erfüllung in der Kirche anders aus. (Siehe dazu gleich im folgenden Abschnitt)

KIRCHE VERSTEHEN LERNEN.....

....in dem großen Schatz, den Frauen in der Kirche sind, ohne Priester zu sein.

Liebe Frauen, erlebt ihr euch jetzt entwertet, wenn ich so etwas schreibe? Ich hoffe nicht. Ich hoffe, die Nachdenklichen unter euch werden zumindest verstehen,, dass die Nichteinbeziehung der Frau ins Priestertum innere Gründe hat, die nichts Abwertendes über die Frau sagen wollen. Ein Blinder, der nicht die Fahrerlaubnis bekommt, weil ihm die dazu gehörige Ausstattung fehlt (das Sehenkönnen), muss sich doch deswegen nicht als herabgemindert vorkommen!

Er muss begreifen, dass es nicht stimmig wäre und nicht zusammenpasste: er mit einer Fahrererlaubnis. Nun seid ihr, liebe Frauen, keine „Blinden“ , doch der Vergleichspunkt war der: wenn jemand zur Darstellung einer Rolle Entscheidendes fehlt, und er sie dennoch ausübt, dann wird es entweder gefährlich oder es stiftet Verwirrung. Wo jedem das Seine gegeben wird, und jeder das Seine annimmt und wahr nimmt, da hat jeder in dem, was das Seine ist, eine gleiche Würde.

Liebe Frauen! Ich bin fest davon überzeugt, dass ihr, obwohl ihr nicht Priesterin sein könnt, deshalb nicht weniger wert seid, wie der Mann. Nur, wenn jemand seinen Wert am Ja oder Nein zum Priestertum fest macht, kann dieses ein Empfinden von Minderwertigkeit hervorrufen. Ihr braucht euch doch überhaupt nicht zu verstecken!!

In einem fiktiven Interview mit Maria Magdalena (siehe später!) habe ich dazu geschrieben: *Wenn man den Beitrag der Frau zur Kirchen-und Weltgeschichte nur vom Priesterdienst her bemisst, dann werden Hunderttausende und mehr Frauen einfach vom Tisch gewischt und ihre Verdienste bleiben unbeachtet, so als wären sie nichts: die großartigen Pastoral-und Gemeindereferentinnen von heute, ihre Vorläuferinnen, die prächtigen Seelsorgshelferinnen, die aus ihrem Wesen und ihrer Rolle heraus unmeßbar Gutes getan haben und tun. Ich muss fairerweise all die Frauen, Ehefrauen und Mütter heranziehen , die so Großes geleistet haben, dass manch ein Mann und manch ein Papst, Bischof oder Priester dagegen ganz arm aussehen würde. Und ich frage allen Ernstes: Das soll alles nichts sein! Das ist nichts gegen die Macht, die ein Priester hat?*

Der Verdienst all dieser Ehefrauen und Mütter war es, Kinder in die Welt gesetzt und diese als deren erste Katechetin zu Gott hingeführt zu haben, mit sogar einem neunmonatigen Vorsprung vor den Männern, weil es für das heranwachsende Kind im Mutterleib schon die Herz-zu-Herz-Katechese gab (ein „unerhörter“, ungerechter Vorsprung vor den Männern – oder?). Diese waren natürlich auch Katecheten für ihre Kinder, aber oft weniger, weil die Männer weniger Seelenkontakt zum Glauben hatten. So lag der Schwerpunkt dieses zukunftsträchtigen Dienstes an den Kindern sicherlich bei den Frauen !!). Also hier hatte/hat die Frau (gesellschaftlich gesprochen) die Macht, die nachfolgenden Generationen zu prägen. Ich sehe jedoch auch die Alltagsfrauen, die ihre Ehemänner zum Lieben hingeführt haben, auch zum Glauben oder an die Frauen von Fürsten und Königen, heute von Politikern, die ihre herrschenden Männer zur Milde hingeführt haben und manches entschärft haben an Härte der Regierenden. Und man muss an die Hunderttausenden von Ordensschwestern denken, ohne deren Beitrag wir nicht eine solch menschliche Kultur hätten. Noch einmal und noch betonter gefragt: Das alles soll Nichts sein?

Wenn die Frau etwas beklagen kann, dann ist es dies: dass ihr Verdienst in der Evangelisierung in all diesen Bereichen zu wenig amtlich gewürdigt und benannt wurde. Oder doch nicht?

Antwort Nr. 1: der Genius der Frau wurde im Kirchenjahr, an den Festen heiliger Frauen und im Vollzug der Liturgie gefeiert und war unangefochten vorhanden. Es wurde wahrgenommen mit der Seele und weniger mit dem Verstand. Denken wir nur an die mächtige Botschaft von Maria, oder zeitgenössisch einer Mutter Theresa.

Wenn der Verstand nach der innerkirchlichen Wertschätzung der Frau Ausschau hält und dabei vor allem mit dem Kriterium „Macht und Priesteramt" und zwar im zeitgenössischen Verständnis) herangeht, dann geht er natürlich leer aus – und das führt zu dem (falschen) Eindruck: Die Frau kommt nicht vor!

Antwort Nr.2: Wie kein anderer vor ihm, hat der hl.Papst Johannes Paul II. die Wertschätzung der Frau in vielen Äußerungen betrieben und ihren Genius als einzigartig und unaustauschbar dargelegt. Er war mit einer großen Sensibilität gesegnet, nicht nur für das Theologische an der Frauenpriesterfrage (wo er als Papst nur feststellen konnte, dass diese Frage nach katholischem Denken bereits ein für alle mal dogmatisch/kirchlich entschieden sei); er war auch so sensibel, anderseits den unwahrscheinlich riesigen Anteil der Frau an der Kirche zu sehen und ins Wort bringen (so in einem Brief an die Frau 1995),* wo er u.a. Dank aussprach für ihre Mutterschaft, ihr Dasein als berufstätige Frau in der Berufswelt (wo sie auch ihre fraulichen Gaben einbringe). Er sagte ihr Dank einfach dafür, dass sie Frau ist und dem Ruf Gottes folge, der die Frau mit einer ihr eigenen, unverwechselbaren Würde ausgestattet hat.... einer Würde, die sie unverlierbar habe, und sie nicht erst durch den Zuspruch einer weitgehend nach männlichen Prinzipien gestalteten (Arbeits-) Welt habe, sondern aus Gott. Und damit sei sie in vielerlei Art und Weise sogar Gott näher, als der Mann es ist. Und das ist möglich, auch ohne Priesterweihe

Es lohnt sich, hier einmal die Schöpfungsberichte mit anderen Augen zu lesen, sie gewissermaßen gegen den Strich des gewohnten männlichen Denkens zu lesen.

Aber dort, in einem der beiden Schöpfungsberichte, wird doch die Frau erst als Zweite erschaffen!? Also in der Reihenfolge schon untergeordnet. Und sie wird aus dem Mann heraus geschaffen, aus seinem Körper heraus (seiner Seite), also ist doch die Frau augenscheinlich immer ein „Nachkömmling" des Mannes!

Doch ein anderer Blick sagt uns: in biblischer Sicht und unter den Augen Gottes ist oft das Zweite das Eigentliche. Zweite sein ist hier nicht Verlust, ist auch kein verlorenes Spiel um einen Rang, sondern das Zweite ist oft das Eigentliche. Ein flapsiger Witz hierzu beginnt mit der Frage, warum Gott die Frau als Zweite geschaffen habe? Antwort: bei Adam übte er noch! Da wird der Genius der Frau und ihr besonderes, eigentümliches Wesen stark auf den Leuchter gestellt. An ihrem Wesen soll manches in dieser Welt genesen, was nur durch Adam allein krank bliebe. Es ist ihre Eigenart, die des Fraulichen, die die Welt gestaltet und lenkt. Dazu muss sie in keiner Männerrolle und auch keinen Männerstatus klettern. Im Gegenteil, sie muss aus dem Männerstatus hinausgehen, um Frau zu sein. So könnten wir es deuten, dass Eva aus Adam aufsteht.

Dass sie aus dem Mann genommen wird, das können wir auch lesen als die Loslösung des Weiblichen aus dem Männlichen. Die Frau tritt befreit von den Strukturen des Männlichen ins Licht der Welt und ist absolut sie selbst! Sie ist vom Weiblichen her zu definieren und nicht vom

---

* Der „Brief an die Frau" kann nachgelesen werden bei https://www.vatican.va/content/john-paul-ii/de/letters/1995/documents/hf_jp-ii_let_29061995_women.htm

Männlichen her. Beides steht in gleicher Würde nebeneinander und gilt! Der eine muss beim anderen keinen Rollen-oder Status-Anleih machen. Die Frau also – aus dem Adam genommen, aber nicht um Adam zu sein – sondern Eva. Das ist Anlass zu großem Selbstbewusstsein der Frau als Frau.

Kommt es auf die Rolle der Frau in der Kirche zu sprechen, wird oft mit minderwertigem Vorzeichen gesagt: die Frau sei gut genug, die kleinen Dienste zu tun, die niederen Dienste, Putzfrau zu sein....und....und. Und gleichzeitig wird das als Herabminderung der Frau angesehen, als ein Dasein in der Kirche, wo sie keinen Anteil an der Macht habe. ...wo sie ausgenützt wurde. Oft wird hier auch abwertend gesprochen über einen Dienst, den nur die Frau tun kann: das Empfangen und Zur-Welt-bringen eines Kinders. Die Mutterschaft steht auf einem sehr niedrigen Wert in der Gesellschaft und zeitweise wird die Begabung der Frau auch übersehen oder diffamiert. (Mutter und Nur-Hausfrau sein galt – oder gilt noch – als etwas, von dem man nicht zu viel erzählen sollte, weil man ansonstens die Bemitleidung für solche Lebensweisen „von gestern" erntet/e. Gott aber hat damals der Eva applaudiert (es war sehr gut)! In der Berufswelt könnte es sein, dass die Frau wieder in den Adam eingestiegen ist, um gesehen, gehört und wertgeschätzt zu sein; eine Wertschätzung, die sie für ihre familiäre Berufsarbeit nicht / oder nur wenig bekam, oder die ihr ausgeredet wurde, weil das ja nicht mit dem Bild der modernen Frau übereinstimmte (das „Heimchen-am-Herd-denken"). Es ist aber kein solches; eine Frau mit oder ohne Beruf im „Außendienst" plus Beruf und Berufung „Mutter" ist genau so viel wert (wenn nicht noch mehr), wie der Aufsichtsratsvorsitzende von YXZ. Sie hat übrigens zig-Berufe, die sie alle für die Familie einsetzt, statt oder neben einer anderen Berufstätigkeit. Sie ist insoweit „Heimchen", weil sie ihren Kindern Heimat gibt, etwas, ohne das unsere Gesellschaft noch mehr in Gewalt verrohen würde. „Gebt mir Mütter, und sie werden die Welt verändern" sagte Augustinus (wie ich mich zu erinnern glaube). Das ist keine Verurteilung von berufstätigen Frauen, sondern das Aufzeigen des heilenden Wirkens der Frau. Wie groß ist doch eine Frau, die neben Hausfrau-und-Muttersein noch ihren Beitrag einbringt in die außerhäusliche Berufswelt, und damit große Vielseitigkeit und Stärke offenbart. Groß ist genauso jene Frau, die für sich entscheidet, eine Frau im Hause bleiben zu wollen, als Chefin eines mittelständischen Betriebes und mit zahllosen Berufen dort: Mutter, Ehefrau, Hausfrau, „Heilpädagogische Fachkraft", Lehrerin, Trösterin, Wundenheilerin, Einkaufsministerin, Planungsfachkraft, Herbergenleiterin, hauswirtschaftliche Spezialkraft, Beraterin ...und unzählig mehr, was sie alles ist und sein kann. Gut, wenn es ihr da noch gelingt, auch ihrem erlernten Beruf nachzugehen. Ebenso gut, wenn sie es nicht tut (und nicht tun muss, um wenigstens einen Teil der teuren Mieten herauszuwirtschaften. Kaum einer würdigt mehr so richtig, was sie als Ehefrau, Frau und Mutter dabei für die Gesellschaft herauswirtschaftet! Immense „Summen" an Zukunft für die Gesellschaft.

Ich will nicht bestreiten und auch nicht übersehen, dass es auch in der Kirche die Verkennung des Genius der Frau gibt. Man weiß, dass auch Kirchenmänner die Dienste der Frau allzu selbstverständlich angenommen (und ausgenutzt) und sich selbst haben verwöhnen lassen durch das Tun der Frauen!

Und wo immer jemand bewusst/unterbewusst die Frau eingeordnet hat unter dieser Kategorie „brauchbare gute Geister" – dort war das falsch und unreflektiert und nicht in Ordnung! Hier gibt es hinsichtlich der Frau einen schalen Nachgeschmack, der berechtigt ist.

Doch gibt es verschiedene Sichten auf untergeordnete Dienste, die man einander tun kann. Das eine ist die Sicht des Ausnutzens (aktiv) oder des Ausgenutztwerdens (passiv) für solche niederen Dienste.

Hier sind wir an einem Punkt des Nachdenkens angekommen, wo wir eine klare Unterscheidung treffen müssen (leider zum Nachteil für alle jene, die eher nach „Macht" ausschauen, statt nach „Dienst"). Weshalb haben diese „niederen" Dienste, wie es heißt, denn eigentlich einen solch schlechten Beigeschmack?

Sind es nicht genau jene Dienste, wo ein Mensch Christus am nächsten sein kann? Hat er nicht gesagt, dass der Größte (und damit am meisten Macht Habende) im Reich Gottes derjenige sei, der dient? Die leise Macht dienender Liebe, sagt Jesus.... diese sei um ein Vieles größer als die laute Macht, die letztlich Gerangel um die ersten Plätze sei.

Ich bin sicher: die ersten Plätze im Reich Gottes....da sitzen auch all die Frauen, die ihren Dienst als Christusnachfolge gelebt haben, ganz vorne: denn die Macht der dienenden Liebe ist um vieles gewichtiger als die Macht des Wettlaufens um die besseren Plätze.

Die besseren Plätze haben alle die, die so wie die Frauen damals Jesus an den Füßen gesessen und ihm diese Füße mit ihren Tränen oder dem Öl ihres Dienstes einbalsamiert haben, die für ihn gesorgt haben. Angesichts des Genius ihres sorgenden Wesens und dessen Heimvorteils: um was kämpfen Frauen in der Kirche, da sie schon in Reihe eins sitzen, ohne jede Weihe?) Kämpfen sie um Zurückstufung in die hinteren Reihen? Heißt es nicht im Magnificat Mariens (Maria im Original! Ohne Punkt und Null): Die Dienenden hebt er empor, die Hochmütigen (nach der Macht Strebenden) lässt er fallen. Ein klares Selbstbewußtsein von Frauen wäre dieses: wenn Frauen an ihre hervorragende Rolle in der Kirche denken, und dann selbstbewusst sagen: Was der Herr uns als Gaben (Talente) in die Hand gegeben hat ist gleich wichtig wie das „Talent" des Priesteramtes. Was ich schon besitze, dies müssen die Männer erst bekommen, wenn sie die Weihe empfangen. Das klingt etwas überheblich, doch stimmt manches daran.

Aber vielleicht verhilft diese Denkweise in ihrer zugespitzten Pointe dennoch zu einem etwas anderen Blick auf die tatsächliche „Macht"-Beteiligung der Frau...nach eher christlichen (Voll-) Machtvorstellungen und weniger nach gesellschaftlichem Denken. Mir scheint aus den Klagen um die „vorenthaltene" Priesterweihe viel unnötiges Minderwertigkeitempfinden heraus zu kommen. Eine um ihrer Würde wissende Frau wird doch niemals ihren Wert allein am Kriterium der Weihe festmachen. Selbstentwertungen sind im Reich Gottes nicht nötig! Nehmt doch liebe Frauen, eure Größe in die Hand und ins Auge und dankt dem Vater, der euch durch Christus zur Gabe gemacht hat für die Kirche. Ihr seid darin in Gottes Augen groß ! Und denkt daran, auch kein Mann hat ein „Recht" auf die Priesterweihe, sondern diese ist letztlich Ruf des Herrn, den die Kirche begutachtet, indem sie die Berufung prüft. Die Kirche hat gut daran getan, jeden genau zu prüfen, der mit hohem Selbstbewusstsein („Ich k a n n Priester!") auf das Priesteramt zustürmte und es sich quasi nehmen wollte. Da ist manch einer in diesem Aufmarsch nicht zum Ziel gekommen. Denn die Hochmütigen stürzt er vom Thron!

Deshalb läuft auch Maria 2.0 auf falschen Gleisen und kann nicht voran kommen, weil sie übersehen, dass Maria nur verstanden werden kann als die Magd des Herrn...und nach dem Bekenntnis: Mir geschehe nach seinem Wort – und nicht nach meinem eigenen... Maria´s große

Macht: auf Gott horchen – ihm gehorchen – Gottes Dienerin sein. Ihre Demonstration von Frausein fand nicht in öffentlichen Aktionen auf Domplätzen statt, sondern in der Verborgenheit des Hauses in Nazaret.

Könnte es sein, dass die Kirche viel mehr Anwältin der Frau ist als man es ihr zutraut!?

Der Weg der Gleichsein-Bewegung hat doch weitgehend männliche Strukturen, er zwingt die Frau in die männlich geprägten Arbeitsweltvorstellungen hinein, spricht ihr im Tiefsten sogar ihren Würdentitel ab, nämlich wahrlich Frau sein zu können, und das auch als Mutter. Diese Bezeichnung wurde und wird ihr erst in zweiter, dritter Linie „gestattet", wenn sie zuvor sich in die Prinzipien der Gesellschaft eingeordnet hatte. Das also, was die Frau auf der Höhe ihres Menschseins zeigte, wurde ihr „genommen", wurde mißachtet, belächelt, in Witzen klein gemacht.

* * *

In der Kirche wird es dann eng und stickig, wenn ihre Amtsträger vergessen, dass das Sakrament nicht Zuteilung von Macht ist, sondern Enteignung seiner selbst für den, in dessen „persona" ein Priester reden und handeln darf. Wo aber der je größeren Verantwortung die je größere Selbstenteignung entspricht, da ist niemand des anderen Knecht; da waltet der Herr. Alle Einflussnahme in der Kirche, alle Verantwortung, muss sich in seinem reinen Dienstcharakter erkennen.

Joseph Ratzinger/Benedikt XVI.

KIRCHE VERSTEHEN LERNEN.....
....in dem Unterschied zwischen Weihepriestertum und allgemeinen Priestertum

Das Wort vom allgemeinen Priestertum ist vielfach falsch verstanden worden, so, als ob es zum Weihepriestertum keinen Unterschied mehr gäbe. Alle sind irgendwie Priester. Von dort her kam auch die nicht ganz richtige Vorstellung, man müsse dem Priester ganz viele sakrale Aufgaben abnehmen, um ihn „einzugemeinden" oder um uns weihepriesterlich zu machen („einzupriestern"). Darum richtet sich verständlicherweise der Blick vieler auf die 3 – 4 Quadratmeter Altarraum und auf den dort agierenden Priester. Und der liturgische Grundsatz der partizipierenden Teilnahme aller an der hl.Messe wird dann verstanden als Einladung, das eigene, allgemeine Priestertum in diesem Altarraum zu verwirklichen, durch (wie gesagt) weihepriesterlichen Aufgaben, die die eigenen taufpriesterlichen Aufgaben übersteigen. . Damit erfüllt sich aber das allgemeine Priestertum aller nicht. Denn dessen Tatort liegt auf anderem Territorium als dem Altarraum und hat eine viel größere Anzahl von Quadratmetern: es umfasst nämlich die ganze Welt, zumindest den eigenen Ort, an dem wir leben. Dort außerhalb des Altarraums kommt das allgemeine Priestertum aller erst richtig zur Wirkung und hat dort auch seinen wesentlichen Ort. Platz gefunden. Das Weihepriestertum hat die Aufgabe, in den 3-4 Quadratmetern Altarraum dafür zu sorgen, dass die Glaubenden und Getauften zugerüstet werden, um ihr allgemeines Priestertum in der Welt mit den unzählbaren Quadratmetern zu erfüllen, dort ihren Dienst zu tun. Darum erfolgt am Schluss einer jeden Messe sozusagen eine erneute (oder Erneuerung) der Sendung des allgemeinen Priestertums: der Priester des Weihepriestertums schickt die Priester des allgemeinen Priestertums hinaus auf ihr Einsatzfeld, die Welt. Er schickt sie, die vielleicht auf den Altarbereich schauen und dort ihren wesentlichen Einsatzort glauben, davon weg, nach draußen und „weiht“ sie erneut für diesen priesterlichen Dienst. „Geht hin in Frieden“ heißt das harmlos in der deutschen Fassung dieses Rufes. „Ite missa est!“ heißt das, etwas gröber, in der lateinischen Urfassung dieses Rufes, nämlich: nun hinaus mit euch, an euren Einsatzort, wozu ihr als Priester des allgemeinen Priestertums gesalbt und gesegnet seid – in Taufe und Firmung. „Ite missa es“ = Seht, jetzt ist Sendung, jetzt seid ihr auf Sendung (missa - Mission). Der Name der Messe kommt von missa: Aussendung. Versammlung, um gesendet zu. (Natürlich hat auch das Allgemeine Priestertum seinen Platz innerhalb der Gemeinde, wo es zusammen mit den geistlichen Hirten für das Wohl der Gemeinde mitsorgt)

Also klare Zielgruppen und Aufgaben: *1. Priesterlicher Dienst des Weihepriestertums:* Zielgruppe: das allgemeine Priestertum. Aufgabe: Zurüstung für deren Priesterdienst in der Welt. 2. *Priesterlicher Dienst des allgemeinen Priestertums:* Zielgruppe: die Menschen in der Welt. Aufgabe: die Verkündigung des Evangeliums durch ihr Leben, im Alltag.

So also sind die Einsatzräume unterteilt. Beide priesterlich Handelnden haben gleiche Würde, wenn auch mit unterschiedlichen Aufgaben/Zielgruppen, und unterschiedlichen Wesen.. Devise; beide Gruppen nehmen sich gegenseitig nicht die spezifische Berufung weg, sondern achten sie!

So ist der Altarraum ein Wirkungsraum des Weihepriesters, wo er durch andere liturgische (Laien-)Dienste Unterstützung erfährt: z.B. als Lektorinnen, Kantorinnen, Ministrantinnen, Kommunionausteilerinnen. Und dieser Altarraum ist inzwischen ein ganz selbsverständlicher Ort für die Frau im liturgischen Dienst geworden: Lektorinnen, Kantorinnen, Ministrantinnen, Kommunionhelferinnen. In diesem Raum ist die Frau Gottseidank sichtbar, hörbar, spürbar geworden; sie hat in ihren Diensten eine gleiche Würde, wenn auch die Aufgaben und Gaben sich unterscheiden. So braucht niemand einem anderen etwas wegzunehmen. Auch nicht: zu neiden.

&) KIRCHE VERSTEHEN LERNEN.....

.....durch ein sakramentales Denken und den Blick auf die Materie der Sakramente

Doch jetzt zurück zum Hauptgedankengang, den ich ein wenig verlassen hatte an der Stelle, wo das vertauschte Brautpaar auftauchte. Es geht also immer noch um die Bedeutung der Männlichkeit des Priesters, die sich aus dem Willen Jesu ableiten lässt. Schauen wir deswegen jetzt einmal auf das, was man die „Materie“ der Sakramente nennt. Das sind die Dinge oder Personen die Christus als verdeutlichende Zeichen, als sakramentale Symbole bestimmt hat. Bei der Taufe ist das z.B, das Wasser. Wir können statt dessen nicht Sand nehmen.

Beim Eucharistie-Sakrament sind es Brot und Wein. Sind Brot und Wein als Materie des Altarssakramentes austauschbar? Kann man stattdessen Cola und Chips nehmen? Schon auf der Symbolebene würde das nicht stimmen, denn Cola und Chips können die Aussagen nicht machen, die im Brot drin stecken, nämlich das (vielfache) Sterben des Weizenkornes beim Gesätwerden, beim Abschneiden des Halmes, beim Gemahlenwerden in der Mühle, beim Gebranntwerden im Feuerofen. Auch kann das Getränk Cola nicht die Botschaft haben wie der Wein, der den Tod starb als die Traube vom Rebstock geschnitten wurde, als sie zerquetscht wurde in der Folter, als der Saft den Tod starb in der Gärung und Wein wurde. Diese Aussagen, die wichtig sind auf der Symbolebene, können Cola und Chips in dieser dichten Weise nicht machen, wie Brot und Wein. Das, was Christus sagen wollte, braucht diese beiden Materien, damit die Botschaft ankommt und damit die Symbolhälften zusammenkommen.

Außerdem: wir halten fest daran, dass Christus im Abendmahlssaal die Materie des Abendmahles, der hl.Messe bestimmt hat, Brot und Wein, um eine Aussage zu machen – und dass wir kein Recht haben, das auszutauschen.

Sollte es beim Priestersakrament anders sein? Sollten da die „Materie", die Jesus gewählt hat (unverheiratet, Mann) um mit seiner Botschaft anzukommen (Bräutigam) jetzt austauschbar sein? Bei der Ehe könnte man sagen: Hier ist die Materie auch, dass ein Mann und eine Frau zusammenkommen (und keine andere Konstellation).

KIRCHE VERSTEHEN LERNEN.....

.....in ihrem Respekt vor dem Willen Jesu und dem Wirken des Geistes in der Geschichte der Kirche

Ich glaube, es gehört zum Respekt vor Christus, dass wir es annehmen, wenn er aus den besagten Gründen Männer in seinen Apostelkreis genommen hat und dass die Kirche ihm gehorsam ist, wenn sie´s auch heute beim Priesteramt so macht; damit da vorne am Altar der Bräutigam deutlich zu erkennen ist, der heute an Christi Stelle in die Nachfolge ruft: ein Mann, der unverheiratet ist.

Bis vor Jahren haben wir angenommen, zumindest das Unverheiratetsein des Priesters sei eine späte Erfindung und kirchliche Regelung aus dem 12.Jahrhundert. Neuere bibelwissenschaftliche und kirchengeschichtliche Forschungen haben jedoch ergeben, dass die Ehelosigkeit Jesu von Anfang an ein Aspekt des priesterlichen Dienstes war.

Wir müssen da nämlich auf den Enthaltsamkeitszölibat der ersten Zeiten der Kirche schauen und davon unterscheiden den heute noch geltenden Ehelosigkeitszölibat. Das Prinzip des zuletzt genannten ist das Unverheiratetsein um des Herrn willen, wie es heute ist. Das Prinzip des zuerst genannten war das „Verheiratetsein, doch um des Herrn willen wie unverheiratet leben": ab dem Tag der Priesterweihe also versprachen die Priesterkandidaten mit ihren Ehefrauen die Enthaltsamkeit vom ehelichen Bett, nicht die Enthaltsamkeit in der Sorge und Liebe füreinander. Die Kirche hat also bereits von Anfang an versucht, das Bild vom himmlischen Bräutigam zu erfüllen; hat aber, wie in vielen anderen Dingen, mit der Zeit dazu gelernt, geführt vom Hl.Geist (wie es Jesus angekündigt hatte). War am Beginn das radikale Zeichen die Enthaltsamkeit vom ehelichen Bett gewesen, so war es dann ab dem Mittelalter die ebenso radikale Maßnahme, von jetzt an nur noch Priester zu weihen, die auch den Ruf zum Ehelosigkeitszölibat in sich trugen. Zwei Rufe sollte also der Bewerber haben: den zum Priesteramt und zuvor den zum ehelosen Leben. Das Beiseitelassen des ehelichen Bettes oder - es von Anfang an gar nicht zu haben, wurden oft als Sexualfeindlichkeit angesehen oder die Geschlechtlichkeit als etwas Unreines gesehen, das mit dem sakramentalen Dienst unvereinbar sei. Man darf es aber auch positiv sehen: wenn es um Christus geht und sein Reich, dann gilt es, alles auf seine Karte zu setzen. So wurde der Priester mit seinem freien Platz an der Seite zum verlockenden Zeichen, sich Gott zuzuwenden. Und alles dafür einzusetzen. Der priesterliche Zölibat macht uns deutlich, dass diese Welt noch nicht unser ein und alles ist. Die Priester locken durch ihre Lebensweise, für Gott alles auf seine Karte zu setzen. So ist die Ehelosigkeit des Priesters eine nicht zu unterschätzende wortlose Predigt, die, wenn sie fehlen würde, die ganze Kirche dieses Impulses berauben würde; der Zölibat ist ein Zeichen für das und den Kommende/n. Der Zölibat, gäbe es ihn nicht, müsste dann dringend erfunden werden. Die Ehelosigkeit macht es möglich, dass der Bräutigam auch heute noch uns rufen kann, durch die stimmige Zeichenhandlung des Priesters: als Mann und unverheiratet. Stellen wir uns die Dörfer ohne nach oben weisende Kirchtürme vor, die auf die andere Dimension hinweisen. So wäre die Kirche ohne das Zeichen des Zölibates. Nehmt uns nicht diesen „Sprengstoff" weg, der Aufsehen und Widerspruch erregt (was hinterrücks ein Beweis ist für seine Wichtigkeit! Gerade weil er so sperrig ist und so „unverdaubar" in unseren Köpfen – gerade deswegen ist er ein Zeichen).. &

Ein Priester schrieb einmal, dass sein eheloses Leben für ihn die Chance ist, priesterliche Solidarität zu schenken z.B. mit jenen Menschen, die unverheiratet sind, aber nicht, weil es denn gewählt wurde, sondern weil es schicksalhaft auf sie gekommen ist. Da sei er ja nicht allein mit seinem ehelosen Dasein. Legion sei die Zahl der unverheiratet Lebenden. Mit denen stehe er in einer Reihe und „gebe" sein Leben für sie hin.

Das ist eine ganz andere Sprache als die rein funktionale Betrachtung. Der zölibatäre Priester macht der Kirche ein Geschenk, sein Leben gibt er für die anderen. Und ständig hören solche Priester, wie schäbig über ihre Lebensweise selbst in der Kirche geredet wird; die ganze dauernde Diskussion muss doch einen Priester entmutigen und entgeistern und das Ganze ist für ihn durchgehend frustrierend.

Oft wird gesagt, dass Priester nicht heiraten dürfen, sei ein Affront gegen die Ehe; als ob Priester nicht auch gute Ehemänner und Väter sein könnten. Das letztere können sie gewiß auf eine viel übergreifendere Weise sein: geistliche Väter! Wie vielen ihnen Anvertrauten waren sie doch lebendige Väter! So habe ich jedenfalls die Priester in meiner Kindheit erlebt.

Die Kirche sieht sich hinsichtlich der Frauenweihe als eine, die nicht das Recht dazu hat, hier den erkennbaren Willen Jesu zu negieren. Wenn Jesus es gewollt hätte, hätte er keine Probleme damit gehabt, auch Frauen ins Apostelkolleg zu berufen. Er tat es nicht! Und so hat sich darauf aufbauend die Praxis der Kirche entwickelt, es Jesus gleich zu tun, nämlich die Priesterweihe an Männer zu spenden. .... also muss man der Kirche die Treue zu diesem Gesetz des Glaubens abnehmen: dass sie nämlich sich gebunden erlebt an eine Praxis in der Kirche von Anfang an. Und dass sie keinen Spielraum hat, hier etwas zu verändern, weil sie nach katholischem Denken eine Begleitung durch den Willen Jesu und durch den heiligen Geist durch die Zeiten sieht. Und die Aussage von Papst Johannes Paul II., dass die Weihe von Frauen ausgeschlossen sei und zwar für immer – klingt hart und in unseren demokratischen Ohren fast unmöglich. Dennoch muss es solche klaren Aussagen geben – letztlich um der Menschen willen, auch wenn´s vordergründig nicht „schmeckt".

Warum vergessen wir immer, dass es neben dem Apostelkreis (der Männer) eine zweite nicht unwichtige Gruppe bei Jesus gab, die der Frauen? Die mit Sicherheit genau so wichtig war, wie die der Apostel. Die Frauen, die sich um Jesu Wohl sorgten, die ihre Güter einsetzten, damit er seinen Weg gehen konnte, die für ihn da waren; die also im Sinne des vorhin gesagten durch ihren Dienst am Leib Christi Großes getan haben und die er dazu bestimmt und gerufen hatte. Und warum vergessen wir, dass lange bevor Petrus war, schon Maria war, eine Frau, auch als Frau und Mutter Kirche?

Bevor die Kirche da war im Amt der Männer gab es hier den Dienst der Frau, war Kirche gegenwärtig im Urbild der Kirche, einer Frau. In ihrem „Adsum", ihrem „Fiat", ihrem „Mir geschehe, wie du es gesagt hast", ihrer Bereitschaft Christus zu dienen, war durch Maria die Frau schon von Anfang an da. Die Frauen waren es auch, die am Ostermorgen als Erste am Grab Jesu waren, die diesen „Vorsprung" aber nicht für sich nutzten, sondern ihn an das Amt weitergaben und sich ohne Schwierigkeiten in die Kirche einordneten; ein sehr schönes Beispiel für Großsein in der Kirche.

KIRCHE VERSTEHEN LERNEN....
.....in ihrem Respekt vor dem Heiligtums-und Eigentumsanspruch Gottes in der Geschlechtlichkeit

Im Unterschied zum Denken vieler, auch glaubender Zeitgenossen (die sagen, dieser Bereich gehöre dem Menschen) sagt der Glaube: Alles ist Gottes Eigentum!...und singt es sogar im Lied „Großer Gott wir loben dich". Paulus sagt zwar, „alles sei unser!", aber er fügt hinzu: „Wir aber gehören Christus (und durch ihn Gott dem Vater)!"

Also – nach katholischer Auffassung gehört die Sexualität in den Eigentums- und zugleich in den Heiligtumsbereich Gottes hinein, denn unser Leib ist durch die Taufe ein Heiligtum Gottes. Ebenso gehört die Sexualität in den Bereich Gottes als des Schöpfers hinein, denn in der Sexualität nimmt der Mensch teil am fortgesetzten Schöpferwirken Gottes (durch Kinder, die der Mensch zeugt im Gebrauch seiner sexuellen Kräfte). Da sind wir wirklich alle Mitarbeiter; der Chef ist Gott, und seine Regeln gelten. Das muss uns nicht ängstigen, sondern eher froh und stolz machen!

So erschuf Gott den Menschen. Als Mann und Frau erschuf er sie und führte sie einander zu (Ehebund) und gab ihnen die Fruchtbarkeit in die Hand. Seid fruchtbar und mehret euch. Das ist ein erster Gedanke. Ein zweiter, den wir hinsichtlich der Sexualität ergänzend sagen könnten, wäre dieser: Freut euch an dieser Gabe und verbindet euch mit ihrer Hilfe in Herz, Seele, Gemüt und Verstand. Das ist zum Staunen.

KIRCHE VERSTEHEN LERNEN....
.....in ihrer Treue zum Vorbild des Dreifaltigen Gottes - als Maßstab für die Ehe

Und – jetzt kommt das Größte: selbst in unserer Sexualität sollen wir Gottes Abbild sein. Wie das? In Gott gibt es doch keine Sexualität, wie wir Menschen das kennen. Was heißt das, Abbild Gottes sein?

Der vollständige alte theologische Satz lautet: Die Eheleute an sich sind das vollkommenste Abbild des dreifaltigen Gottes, besonders im ehelichen Akt. Wieder diese Wucht! (Wucht kann ein anderes Wort für Gottes Herrlichkeit sein!) Im ehelichen Akt? Wie soll das gehen?

Gott ist dreifaltig, heißt es da. Jesus hat uns diese Dreifaltigkeit gezeigt, immer wenn er vom Vater im Himmel sprach, vom Heiligen Geist und von sich, als dem Sohn. Wie können wir Abbild dieses Gottes sein?

Wenn wir in diesen einen Gott in drei Personen hineinschauen, entdecken wir, dass zwar jeder von ihnen Anteil an der Gottheit hat, also es eine Gleichheit gibt, und doch: Jeder von den dreien ist doch stets ganz anders als die anderen. Jeder ist der Ganzandere für den anderen, so, wie Gott für jeden Menschen uneinholbar der Ganzandere ist. Der Vater ist der Vater – und nicht der Sohn und nicht der Heilige Geist. Der Sohn ist der Sohn und nicht der Vater und nicht der

Heilige Geist. Und der Geist ist nicht der Vater und auch nicht der Sohn.- Um jetzt weiter zu verstehen, lauschen wir einfach einmal in das folgende Gespräch hinein:

&) KIRCHE VERSTEHEN LERNEN....
durch das Schloss-und Schlüsselprinzip . ---

Sie: In einem Buch über die Ehe habe ich mal gelesen, dass unsere Ehe und ihre leibliche Feier, unsere Sexualität ein Heiligtum Gottes ist, und unser Leib zum sakramentalen Zeichen wird für den Plan Gottes in diesem Lebensbereich des Menschen. Das ist eine mich bewegende, starke Aussage!!! Sie macht mich froh!

Er: Mir geht´s ebenso. Zugleich steigert sie in mir die Ehrfurcht und das Staunen darüber, dass es so ist. Mir kommt die Frage in den Sinn, die in einem Psalm gestellt wird: „Wer darf eintreten in das Heiligtum Gottes?". Ja, wer darf in den heiligen Bezirk seiner Schöpferwerkstatt eintreten, zu der unsere Sexualität letztlich dazugehört? Ein heiliger Raum ist hier, von Gott geschaffen, ein unermessliches Geheimnis.

Sie: Eine Antwort auf die Frage entdecke ich in einem alten Weisheitssatz des Glaubens. Dort heißt es, dass die, die hinzutreten wollen, ein Abbild Gottes darstellen sollen, und zwar selbst noch im ehelichen Akt. Sie sind eingeladen, hinzu zu treten, und Gott widerzuspiegeln. Doch worin können wir ihn abbilden und aufleuchten lassen?

Er: Ich glaube, es ist die Tatsache, dass die drei göttlichen Personen - Vater, Sohn und Heiliger Geist - füreinander Ganzandere sind: Dieses Ganzanderer-sein ist das Urbild, dass wir widerspiegeln, abbilden können, wenn wir in das Heiligtum eintreten möchten.

Sie: Ich verstehe. Dann weiß ich jetzt, dass wir als Mann und Frau es sind, sind wir es, die wie die göttlichen Personen füreinander Ganzandere sind. Gleich in der Würde, sind wir, doch Ganzanders durch unser Geschlecht, das unser Ganzanderssein begründet. Vom Geschlecht her bist du als mein Mann ein Ganzanderer und ich bin es als deine Frau für dich und so können wir als Mann und Frau in einzigartiger Weise Gottes Abbild sein. Gerade in der leiblichen Feier unserer Ehe sind wir das, denn gerade hier wird ersichtlich, dass es für dieses heilige Geschehen das Zusammenspiel von zwei füreinander Ganzanderen braucht, die das Bild Gottes aufleuchten lassen. Zwei, in deren Leib Gottes Plan aufstrahlt, und von ihm Zeugnis ablegt. Ungleich sind wir und das bedeutet hier viel. Gleich in der Würde, aber sonst in Unterschiedlichkeit, damit wir fruchtbar sein können. Wie armselig ist doch da die Gleichheitsreligion, die uns überschattet.

Er: Es ist wie beim elektrischen Strom: da braucht es auch zwei Ganz-andere, Plus und Minus, erst dann kann etwas aufleuchten.

Sie: ....ich finde noch einen anderen Vergleich hilfreich: den von Schloss und Schlüssel. Ein Schlüssel ist für ein Schloss der Ganzandere und umgekehrt, doch nur so schließen sie das Heiligtum auf. Zwei Schlüssel können das nicht, zwei Schlösser auch nicht

Aus diesem Gespräch kann einsichtig werden, wie wir nach dem Plan Gottes „gestrickt" sind. Gerade das Bild von Schloss und Schlüssel vermag uns die Tür zu öffnen, in das Verstehen, warum die Kirche in Mann und Frau die Erfüllung des göttlichen Plans sieht. Wer diese Gedanken weiter denkt, kommt wie von selbst zu dem Ergebnis, das Mann und Frau gewissermaßen die Materie des Ehesakramentes sind. Mann und Frau – wie Brot und Wein.

Die Kirche lädt alle ein, die mit ihr den Weg des Glaubens gehen wollen, zu diesem Prinzip Ja zu sagen; dann kann sie ihnen die Tür öffnen, bzw. sie können es wie von selbst. Wer nicht so leben will, wird von niemand gezwungen, darauf zu bauen. Die Einstellung der Kirche ist keine Anmaßung, sondern sie reicht lediglich das Maßband Gottes dem, der danach fragt. Anhand des Schloss-und Schlüsselprinzips lässt sich die Lehre und Haltung der katholischen Kirche in fast allen Themen verstehen! Es muss zusammenpassen! Das erläutert uns dieses Prinzip

&

Es geht also um symbolisches, sakramentales Denken allgemein. Schloss und Schlüssel sind ein Denkmittel, ein Bild, das mir geholfen hat, zu verstehen, dass der katholische Glauben sakramental ist, also das Mysterium des Zusammenlegens nutzt, des Zusammenfügens, des Zugehörigseins. So steckt in dem Schlüssel schon der Hinweis, dass er dann, wenn ein Schloss sein Gegenüber ist, er selbst auch zu seinem Wesen kommt. Im Schlüssel steckt die Entsprechung, die ihn Schlüssel sein lässt. In einem Mann steckt schon der Hinweis auf die Ganzandere drin: die Frau – und in der Frau steckt schon der Verweis auf ihren Mann. In einem männlichen Körper und auch in einem weiblichen Körper steckt schon der Verweis auf den Körper des Anderen, und so wird aus Körpern ein Leib und eine Seele.

Ich ahne, dass man mit diesem Prinzip fast die gesamte Sakramentalität beleuchten und verstehen kann.

Da dieses sakramentale Denken für die Kirche so wichtig ist, habe ich verstanden, dass es keine „leichten" Eingriffe durch kleine Reformen in einer Ecke geben kann, ohne an das Ganze zu denken. In jedem Eingriff geht es immer um das Ganze, sind sofort die Herzkranzgefäße betroffen. Das spricht nicht grundsätzlich gegen Veränderungen, aber spricht dafür, stets das Ganze in den Blick zu nehmen, um dann wie ein Baumeister bei der Restaurierung eines Hauses, fach-und sachgerecht sagen zu können, dass man an dieser Säule dort nichts verändern könne, weil – sie trage das ganze Haus.

Auf den folgenden Seiten stehen Gedanken zum besseren Verstehen des sakramentalen Denkens – gegen das funktionale Denken. Sie entstammen einer Predigt des Regensburger Bischofs Voderholzer, und einem Beitrag von Joseph Ratzinger: ich versuche, diese Gedanken zu referieren:

&

Was ist sakramentales- was ist funktionales Denken?

Eine Vertiefung (um die daran hängenden Fragen besser einordnen zu können und zu verstehen, dass es hier um Fundamente geht)

Sakramentales Denken geht davon aus,

- dass die Kirche als Ganzes "gleichsam Sakrament", also Zeichen und Werkzeug der innigsten Verbindung zwischen Gott und den Menschen und der Menschen untereinander ist,
- dass die materielle Wirklichkeit selbst Träger eines über sie hinaus weisenden Sinnes sein kann und ist.
- dass die Welt, in der wir leben nicht unsere Umwelt, sondern Gottes Schöpfung ist
- dass jedes Lebewesen von sich aus auf den Schöpfer hinweist.
- dass auch die Himmelsrichtungen eine innere Symbolik haben; die Ausrichtung auf den Osten in Richtung zu der aufgehenden Sonne gebe auch eine innere "Orientierung" könne Ausdruck sein der Hoffnung auf das wahre Licht.
- dass auch der Leib nicht nur ein blutdurchströmter, hochorganisierter Zellhaufen sondern Ausdruck meiner Seele ist
- dass alle Dinge ein Zeichen für uns in sich tragen: : die reinigende und belebende Bedeutung des Wassers, die nährende Bedeutung von Brot, die heilende und schützende Bedeutung von Öl sowie die tieferen Bedeutungen von Handauflegung und von Körperhaltungen wie Stehen, Knien, Sitzen ist usw.
- dass die Schöpfung, die leibliche Dimension meines Lebens über sich hinausweist

Im sakramentalen Denken wird

- der freiwillige Verzicht auf die Erfüllung in der Nachfolge Jesu und in der Gleichgestaltung mit seiner Lebensform ein Zeugnis für eine Hoffnung über alles Irdische hinaus ist und es wird verständlich, dass die Ehe von Mann und Frau, ihre gegen-seitige Ergänzung aber auch ihre gemeinsame Fruchtbarkeit ein Zeichen der Liebe Gottes zu den Menschen und seiner Liebe zur Zukunft ist.
- wird auch verständlich, dass das geistliche Dienstamt, das die realsymbolische Vergegenwärtigung Christi ist, von seiner natürlichen Zeichenhaftigkeit her nur von einem Mann ausgeübt werden kann.
- dass der Wirklichkeit als solcher ein innerer Verweis über sich selbst hinaus innewohnt. Man könnte es auch "symbolisches" Denken nennen.
  Dieser Verweis wird nicht von außen, vom betrachtenden Menschen erst in die Dinge hineingelegt, sondern diese tragen den Charakter des Hinweisens auf das ganz An-Andere bereits in sich.

Der Gegensatz zum sakramentalen Weltverständnis, und sakramentalen Denken ist das funktionale Denken.

- ein Denken, das die Dinge und Wirklichkeiten der Schöpfung auf die Frage des Machen-Könnens verkürzt. Im Hinblick auf die Schöpfungswirklichkeit von Mann und Frau heißt das die Reduktion auf Rollenmuster: Es gibt eine völlige Austauschbarkeit von Mann und Frau,
- Beim rein funktionalen Denken verschwindet dann das Verständnis für die spezifisch katholischen Glaubensinhalte. Da wird der Priester, der in Persona Christi die Wandlungsworte spricht, ganz der Perspektive der Machtfrage unterworfen und dieser Dienst vor allem als ein Moment der Machtausübung; die möglichst demokratisiert werden muss.
- Ausdruck des funktionalen Denkens ist die extreme Form des Gender-Mainstreams. In seinen extremen Formen geht es längst schon nicht mehr um Geschlechtergerechtigkeit, sondern um die Leugnung, ja die Bekämpfung der Ebene der natürlichen Zeichenhaftigkeit des Leibes.

- Der extreme Genderismus ist gekennzeichnet von einer Minimalisierung der geschöpflich seinsmäßigen Dimension und einer Reduktion der Geschlechtlichkeit und der Geschlechter Geschlechterdifferenz auf eine menschlich zu machende.
- Es geht bei Gender nicht so sehr um eine geschlechtergerechte Sprache, sondern die Theorie von Gender ist ein gezielter, tiefer Angriff auf die christlichen Grundlagen unserer Kultur. Dahinter steckt ein Menschenbild von einer totalen Machbarkeit und Verfügbarkeit des Menschen, seine Ausbeutung durch ein rein funktionales Denken, in dem der Mensch zum Material wird, das man nach Belieben nutzen kann. Ein Beispiel für diese Materialwerdung des Menschen wenn der Respekt vor seiner göttlichen Herkunft fehlt, seiner Gotteskind, haben wir beim Umgang mit unerwünschten Kindern im Mutterleib. Galt dies anfangs noch als Menschenkind, ist es jetzt zum Zellhaufen herabgewürdigt. Das ist Funktionalismus. Kann es sein, dass auch hier die Kirche die wirkliche Anwältin des Menschen und seiner Würde ist?
- Beim sakramentalen Denken aber geht es darum, das Wesen des Menschen zu sehen und dieses und auch ihn selbst zu schützen. Nicht austauschbar ist der Mensch, sondern jede/r von uns ist ein ganz einmaliges Wesen. Nicht Rollenspieler sind wir, sondern „Würdenträger" einer Würde, die uns tief eingegeben ist; seinsmäßige Bestimmungen. Einmal Vater immer Vater; einmal Mutter, immer Mutter. Und die in die Schöpfung hineingelegte Komplementarität zeigt sich daran, dass nur die Frau den Mann zum Vater, nur der Mann die Frau zur Mutter machen kann.

Und nun folgt - wie in einem Roman – ein

Gespräch mit Maria Magdalena über die Frau in der Kirche

Ich darf vorstellen, Maria aus Magdala, oder in der anderen Sprechweise; Maria Magdalena, Frau aus dem Gefolge von Jesus, wird an erster Stelle unter den Frauen genannt, die Jesus nachfolgten, die ihn begleiteten und unterstützten. Jesus hatte sie geheilt, die von allen guten Geistern verlassen und von solchen der üblen Art überschattet war. Sie wird von Anfang an in eins gesehen, mit der Sünderin, die Jesus die Füße wusch und ihn mit Tränen der Reue und der Liebe berührte, wird ebenso als Schwester der Maria und des Lazarus gesehen..Ob sie identisch mit diesen Frauen ist, darüber schweigt sie und setzt ein vieldeutiges Lächeln auf, dass eher nach Ja aussieht als nach Nein. Eindeutig sind jedoch die Berichte, dass sie beim Kreuz Jesu stand und am Osternorgen mit den anderen Frauen zum Grab ging und dort als Erste dem Auferstandenen begegnet ist, der ihr erschienen ist, sie ihn aber zunächst nicht erkannte, bis er sie beim Namen rief – und sie zu seinen Jüngern zu den Aposteln schickte, mit der Nachricht von der Auferstehung…sie also hinging und der Apostelschar Beine machte auf den Weg zum Grab hin. In den Erzählungen heißt es, nach der Himmelfahrt sei sie ins Gebiet des heutigen Frankreichs gezogen. Aber auch darüber schweigt sie und sagt meistens einen Satz dazu und der lautet: Ich will euch die Spannung nicht wegnehmen !

Und in dieser Spannung beginnen wir ein hoffentlich spannendes Gespräch… Von oben her gibt es ja wohl einen besseren Überblick auf die Zusammenhänge, da wollen wir starten…..

....Sehr geschätzte Frau Maria aus Magdala, liebe Maria Magdalena. Wie soll ich Sie am besten anreden?

> ***mm*** Ach, lasst uns doch einander Du sagen, als Glaubensgeschwister und sag doch: Maria M. zu mir

Von der Beteiligung der himmlischen Kirche

Danke. Ich möchte noch sagen, dass du mir hier jetzt zum Gespräch gegenüber sitzt, hat mit einem besonderen Auftrag zu tun, mit dem dich die Kirche des Himmels als Botin zur Kirche auf Erden geschickt hat!

> ***mm*** Genau, ich soll das Votum der Himmlischen einbringen in die gegenwärtige Auseinandersetzung der irdischen Kirche und zwar vor allem wegen des Priestertums der Frau, das für manch einen schon ausgemachte Sache ist, etwas, das jetzt und zügig und endlich umgesetzt werden soll.

Ja, im Grunde ist es für viele nur noch ein Ärgernis, für das man sich als Katholik anfängt zu schämen, zu schämen auch für die eigene Kirche, die solch ein altes Relikt noch beibehält. Ich würde mal sagen: die Mehrzahl der Katholiken ist f ü r ein Priestertum der Frau. Und diese Mehrheit spricht deutliche Worte.

> ***mm*** Und da ist allerdings das Votum der großen Mehrheit der Kirche des Himmels nicht berücksichtigt. Bei einer Meinungsbildung in der Kirche ist ja auch die Tradition, die wir vertreten ein wichtiger Bestandteil. Tradition; das ist auch das Gewicht, das wir „Alten" der Kirche einbringen und zu unserer Erdenzeit eingebracht haben. Die himmlische Kirche besteht ja aus solchen, die der Kirche ihren Glauben geglaubt haben, auch, wenn es schwer war, und die es geschafft haben, ihr Leben nach diesem Glauben zu leben. Sie haben also dadurch gesagt, dass eine bestimmte Lehre der Kirche stimmt, weil sie von vielen an vielen Orten und durchgehend geglaubt worden ist.

Was heißt das für uns?

> ***mm*** Die Vollendeten, die den Glauben haben voll werden lassen, müssen mitbedacht werden, wenn es um einen solch gewichtigen Eingriff in kirchliches Leben geht. Also ist die Tradition, die wir vom Himmel her bekräftigen ein wichtiger Teil im Zusammenhang. Sie ist nichts Totes, sondern das lebendige Gut der Lebendigen, denn Gott ist ein Gott der Lebendigen und des Lebendigen. Die Kirche wird vom Geist Gottes geführt. Er führt alle Glaubenden in die Wahrheit ein, gibt uns Gewißheit, er gibt uns ein, was wir sagen sollen. Er lässt uns nicht allein.

Lassen wir das jetzt erst einmal so stehen, und kommen später darauf zurück. Ich schlage vor, dass ich jetzt den Einstieg wage, wie es abgesprochen ist, den Einstieg in die Frage nach dem Priestertum überhaupt, und der darin wachgewordenen „Frauenfrage". Einverstanden?

Du bist ja schon mal als Botin mit einer wichtigen Nachricht gesendet worden, damals am Ostermorgen. Und darum möchte ich gerne mit den Osterberichten der Evangelien beginnen. Dort ist die Rede davon, dass du (mit anderen Frauen am Grab gewesen seist, es wird sogar berichtet, dass der Auferstandene dir als Erster begegnet, und dich aussendet, die Nachricht von der Auferstehung den Aposteln zu sagen. Da bist du doch eindeutig im Vorsprung vor den Aposteln. Weshalb wird dieser Vorsprung der Frauen dann nicht geachtet und bleibt erhalten, warum hat er sich in der Kirchengeschichte sozusagen nicht ausgewirkt?

> ***mm*** Weil es uns damals nicht darum ging, persönliche Vorsprünge oder Vorränge zu reklamieren, sondern es ging uns (auch mir) darum dem Herrn zu dienen. Er war das

Ziel all unseres Tuns. Wettkampf um eine Ehre oder Ansehen oder um Machtbeteiligung passen da nicht zur Jesus-Nachfolge.

Aber da gibt es doch ein Osterevangelium, das berichtet vom Wettlauf der Apostel Petrus und Johannes zum Grab, und Johannes ist als erster da, vor Petrus, der damals wohl schon die Nummer 1 im Apostelkreis war.

mm W e t t lauf – das ist eine Deutung von heute, weil wir auch im Glauben meinen, da ginge es um Vorränge und Vorsprünge. Es war kein Wettlauf, sondern die Nachricht von der Auferstehung hatte diesen beiden Jüngern Beine gemacht und jeder von ihnen konnte es nicht erwarten, am „Tatort" anzukommen. Johannes war der Schnellere. Müsste er jetzt deswegen das Haupt der Apostel sein?

Wäre das nicht verständlich gewesen? ***Frühkirchliches Zusammenspiel***

mm Im Sinne gesellschaftlicher Wettläufe ja, Aber Johannes nimmt seinen Vorsprung gar nicht in Anspruch, sondern er wartet am Grab, bis Petrus, der auch jetzt noch die Nummer 1 bei den Aposteln ist, der Erste der Apostel , angekommen ist und gibt ihm damit eindeutig den Vorrang. Obwohl später angekommen als Johannes wird der Vorsprung, den Jesus dem Petrus in der Berufung zum Felsen gibt (auf dem die Kirche steht), eingehalten. Das ist respektvoller Umgang mit dem Willen Jesu, der sich in den Strukturen aufzeigt. Hier hat Johannes keine Angst vor Hierarchien, er respektiert sie. Hierarchie heißt ja auch (wenn ich mich richtig erinnere): Heiliger Ursprung. Auch ich habe ja mit den anderen Frauen kein Aufsehen, vor allem kein öffentliches mit meinem Vorsprung gemacht, habe nicht darauf bestanden, habe auch nicht von vorenthaltener Ehre gesprochen, sondern ich bin mit den anderen Frauen hingegangen, und habe meinen Vorsprung in das Größere und Ganze hineingegeben – und habe die Apostel benachrichtigt, damit sie das ihre tun konnten.

Du hättest dich ja selber mit deinem Vorsprung einbringen und durch diesen auch einen Vorrang erwerben können. Vielleicht wäre dann die Kirchengeschichte anders verlaufen

mm Ja, aber , wie du siehst, war das weder mein – noch unserer (der Frauen) Sinn. Wir wollten niemand etwas streitig machen. Wir waren im Frieden mit unserer Berufung, unserem Dienst, der ein anderer war, als der Apostel.

Ist da nicht doch Konkurrenz im Spiel gewesen?

mm Offensichtlich nicht! Es sei denn, im eigentlichen Sinne von Konkurrenz, dieses aus dem Lateinischen stammende Wort bedeutet in Wahrheit: m i t e i n a n d e r laufen, um eines größeren Zieles willen, also nicht gegeneinander, um eines persönlichen Zieles willen. Die Fragen, die in unserer Gesellschaft an die Kirche gestellt werden, atmen alle den Kampf der Geschlechter gegeneinander, der dort passiert. Es ist eine klassenkämpferische Attitüde, die diese Fragen haben, wo es um Konkurrenzkampf im weltlichen Sinne und damit um Rechte geht, vermeintliche oder wirkliche.

Was wir da in den Osterberichten erfahren ist das gelungene Beispiel wirklicher Kon-Kurrenz. Ein Miteinander laufen, damit die Sache Jesu Sieger ist.

Du siehst also diese österlichen Geschichten wie ein gutes Vorbild für kirchliches Handeln … so habe ich dich verstanden!?

mm Unterschiedliche Berufungen, die unterschiedliche Charismen und Aufgaben zur Folge haben, die oft nicht austauschbar sind, wirken zusammen, in gegenseitiger Achtung. Die einen müssen mal die anderen unterstützen, herausfordern., wach machen.

Die einen müssen den anderen mal den Vorsprung lassen, ohne dabei von der eigenen Würde auch nur etwas zu verlieren. „Lieben heißt: Aus dem Vergleichen ausziehen!" (ich muss nicht haben, was der andere hat, um Ich zu sein). Gott ruft die einen zu diesen Diensten, die anderen zu jenen Diensten. Doch miteinander ergänzen sie sich und machen das Ganze sichtbar. Und jeder hat mal einen Vorsprung vor dem Anderen. Und macht daraus kein Aufsehen, sondern setzt diesen Vorsprung zu Gunsten des Gesamten ein, nimmt den Anderen mit, wenn er/sie „langsam" ist, noch nicht ganz „wach" für seine Aufgabe. Jeder freut sich auch über „Vorrechte", die andere haben, muss das nicht auch haben wollen. Hier gibt es keinen Neid auf das, was andere haben.

Aber es hätte der Frau doch gut gestanden, wenn man (=der Mann) den Frauen deswegen einen Ehrenvorrang gelassen hätte. Später nennt dich ein Theologe sogar die „Apostolin der Apostel" !. Also gehörtest du damals doch zum Apostelkreis dazu! Und später hat das die Kirche eliminiert!?

mm Dieser Titel ist keine Amtsbezeichnung, er bedeutet nicht Mitgliedschaft in diesem (übrigens von Jesus so ausgewählten Männer-) Kreis. Das Wort „Apostolin der...." meint schlicht und ergreifend, dass ich mit der Botschaft von der Auferstehung des Herrn zu den Aposteln gehen solle, also als Botin zu d e n Boten (Wortbedeutung von Apostel), mit einem einmaligen und auch einzigartigen Auftrag. Auch der Bote, der einer Regierung eine Nachricht bringt, gehört nicht zu der Regierung.

Berufungen auf der Spur

mm Die Kirche kann sich dem nicht entziehen, weil sie die Aufgabe hat, hier zu klären. Ob eine Berufung echt ist, hat auch etwas mit dem bestehenden Rahmen (Möglichkeiten) zu tun, darüber befindet nicht derjenige, der dieses Gefühl hat. Der Rahmen ist gegeben, so sehr das auch einem persönlichen Wunsch entgegen steht. Einem Mann, der sich berufen fühlen würde, ein Kind zu empfangen und es zu gebären... dem wird man sagen müssen, was Realität ist. Man könnte dann aber schauen, welcher tiefe Wunsch liegt unter dem was er für sich empfindet. So würde man auch einer Frau gerecht, die sich zum Priesteramt berufen fühlt: mit ihr das Mögliche schauen und ihr helfen, ihren ihr möglichen Weg zu finden, ihre Berufung, die hinter allem steht. Diese ist dann nicht weniger wert, sondern als die ihr eigene Berufung die wertvollste der Welt.

Aber wenn sich eine doch zum Priesteramt gerufen fühlt, muss man/n dann nicht ihr Gefühl respektieren?

mm Das Gefühl, berufen zu sein, reicht nicht. Mit seinem Gefühl muss sich jeder den faktischen Dingen unterstellen. Und die Kirche ist es, die prüfen soll. Die Kirche bleibt im Rahmen des von ihr empfangenen Willens Jesu.

Und dort ist keine neue Erkenntnis mehr möglich?

mm Doch, zum Beispiel die, dass das Heil eines Menschenlebens nicht vom Priesteramt abhängt! Und Gottes Gaben tragen alle einen Mehrwert in sich, da geht keiner leer aus!

Und von Seiten der Kirche? Keine neue Erkenntnis in dieser Frage?

mm Ich glaube, dass die Kirche durch das Stellen der Frage nach dem Priestertum der Frau herausgefordert wurde, insgesamt einmal über den Standort der Frau in der Kirche, über ihr Wesen und ihre Würde nachzudenken und genau hinzuschauen, was denn die Frau, ohne Priesterin zu sein, dennoch an Großem in die Kirche einbringen konnte und eingebracht hat und noch mehr einbringen sollte!

Können wir darauf später nochmal zurückkommen. Ich halte diesen Gedanken für ganz wichtig.

mm Ja, gerne

Also zunächst nochmal zurück zum Anfang. Bunt gemischt war die Frauengruppe sagtest du vorhin – wie kann man sich das vorstellen? Frauen, Männer und Kinder – oder was?

mm Nein, wie ich schon sagte, ein Kreis von Frauen. Bunt gemischt im Sinne von Vielfalt der Frauenpersönlichkeiten. Aber keine Männer. Genauso, wie es bei den Aposteln keine Frau gab, die dazugehörte, so gab es bei uns Frauen keine Männer. Guter Ausgleich – oder? „Die Frauen" wurden wir genannt. Man könnte den Apostelkreis deswegen auch in Entsprechung dazu nennen: „Die Männer" Also zwei Gruppen, so unterschiedlich wie Tag und Nacht, doch sich ergänzend, sich nicht gegenseitig ausschließend. Wir brauchen einander.

Doch merkt man euch kaum in der damaligen Situation, man hört kaum von euch. Ihr steht im Hintergrund.

mm Empfindest du das so?

Ja, da fehlt mir die Power wie bei uns Männern.

mm .....hinter der auch manchmal nur ganz viel heiße Luft ist. Wie z.. bei Petrus: Nie Herr werde ich dich verleugnen, Herr, Herr, Herr. Und dann sagt er genauso mit Power: Ich kenne Jesus nicht! Petrus ist vielleicht ein gutes Beispiel, welche Gefährdungen in einem kirchlichen Amt liegen, sodass man das Priesteramt zum Beispiel nur mit Zagen und Zittern anstreben sollte. Man lädt dabei im Hinblick auf das ewige Heil sehr viel Verantwortung auf sich, auch für die anvertrauten Menschen. Man könnte sagen: Im Priesteramt liegt ein verzehrendes Feuer. Man kommt dorthin nur wie durch ein Feuer hindurch. Es ist kein Sonntagsspaziergang. Da kann man/frau nicht einfach „Auch ich kann Priester (sein) " selbstherrlich (selbstfraulich?) auf ein Spruchbanner schreiben und dies herumtragen, weder als Mann noch als Frau. Wer auch immer die Wucht begreift, die in diesem Amt liegt, wird sich eher nicht danach drängen.

Was ist das für eine Wucht?

mm Es ist das Schwergewicht, dass daran hängt, und das eher davor fliehen lässt, als danach zu jagen.

Wer hat das gesagt?

Eine Ordensfrau, die viel Einfluss durch ihren Dienst hatte, sie sagte einmal: „Ich bin so froh, dass wir in dieser Kirche Frau sein dürfen und nicht Männerrollen übernehmen müssen, um jemand zu sein, wie in der Gesellschaft. Macht und Einfluss haben wir aus unserem Frausein heraus. Ich bin sehr froh, dass wir nicht Priesterin sein müssen, sonst ginge unsere Begabung im männlich geprägten Umfeld verloren!"

Das klingt interessant, fast wie ein wenig abgehoben. Wer denkt heute noch so? Sicher nicht die Frauen von Maria 2.0 ! Die sagen eindeutig: Wir wollen Anteil an der Macht haben! Wir wollen das Priesteramt für die Frau!

mm Zumindest sagen das einige Frauen in der Kirche. Ich glaube, dass wir hier differenzieren sollten: es gibt Frauen, die das Priestertum der Frau ablehnen, es gibt solche, die das Fehlen bemängeln, aber daraus keine Staatsaktion machen wollen, die sich durch das Fehlen auch nicht beleidigt erfahren. Es gibt andere, die sich aktiv für ein Priestertum der Frau einsetzen, dies aber in ruhiger Weise tun. Es gibt Frauen, die sich durch die Wirklichkeit der Gesellschaft anstecken lassen und relativ undifferenziert das, was sie dort erleben, auf die Kirche übertragen; es gibt Frauen, die regelrecht empört sind über die Kirche, weil sie den „Ausschluss" der Frau vom Priesteramt für unmöglich und die Zugangsmöglichkeit nur für Männer für eine Geschlechterungerechtigkeit halten, die sie persönlich trifft. Viele Frauen sind vom Stillhalten zum Lautwerden übergegangen und Äußerungen hierzu und Diskussionen darüber finden oft in aggressiver Weise statt, aus einer Haltung „das steht uns Frauen zu!", die mit großer Selbstsicherheit geäußert wird. Es gibt Frauen, denen ist es dabei wichtig, auf die innerkirchlichen Aspekte zu schauen und andere sagen: Wir wollen das nicht mehr hören, wir wollen es einfach nicht mehr hören!!! Wir sind es leid, Geschöpfe 2.Klasse in der Kirche zu sein, die wir nach unserem Bewußtsein doch durch unseren Beitrag zur Kirche durchaus ebenfalla in die 1.Klasse gehören, und deswegen „auch was zu sagen haben sollten" und..und...und

Das ist jetzt eine breite Auswahl, die du hier zusammengetragen hast und ich denke, jede Leserin dieses Gesprächs wird sich irgendwie finden.....

Unterschiede aushalten

mm Wobei ich jene noch nicht recht gewürdigt habe, die gern als die Stillen mitwirken wollen und die im Hintergrund bleiben und selbstbewusst sagen: Im Hintergrund zu wirken, ist wichtig, das ist unsere Stärke; das ist genauso 1.Reihe wie der Priester; auch dort wachsen Heilige heran („Man kann auch an Kochtöpfen heilig werden" – ein Wort von einer der beiden hllg.Theresia´s), Das sind dann auf ihre Weise starke Frauen!

Welche Frauenpersönlichkeiten gab es denn bei euch damals? Man sagt dir ja nach, dass du eine starke Frau gewesen bist (oder Pardon!) immer noch bist.

mm Das kann ich gut hören und annehmen, aber auch die anderen in den Evangelien benannten Frauen haben sich mit ganzer Kraft in den Dienst des Herrn gestellt. Meist waren die kraftvollsten Frauen jene, die leise waren und doch Großes getan haben. Unsere Stärke war dieser Dienst an Christus, von dem der Herr sagt, dass dieser Dienst groß mache in seinem Reich. Bei euch und in eurer Gesellschaft hat das Wort „dienen" ja einen negativen Klang bekommen und gilt als Ausbeutung oder Behinderung beim Sich-Selbst-verwirklichen. Meine Erfahrung ist: erst in diesem Dienst am Herrn haben wir uns Selbst verwirklicht, sind zu dem gekommen, was wir sein konnten. Ich glaube eher, dass ein ichbezogenes Dasein gar nicht zur Selbstverwirklichung führt, sondern man dabei sein Selbst eher verwirkt. Da tut man/frau sich selber nichts Gutes an,

Meinst du, dass man sich selbst schwächt, indem man/frau auf andere schaut, und beklagt, dass man/frau das nicht hat, was andere haben?

mm Der Gedanke von Selbstschwächung ist eine gute Beschreibung. Ich selbst und wir in der Frauengruppe haben uns stark gefühlt in unserer Berufung. Zu dieser Stärke, die aus uns kam, weil Jesus sie uns geschenkt hatte, gehörte das Wissen: so bin ich gut und wertvoll und brauche dazu keine Statusanleihen z.B. von den Männern. Die größten Enttäuschungen sind dort vorprogrammiert, wo man an andere oder die Kirche Erwartungen hat, die sie nicht erfüllen kann. Indem einer sich sagen lässt, er oder sie sei schwach, weil ihnen etwas vorenthalten würde, im gleichen Moment ist es, als würde die Stärke, die eine als eigene Gabe in sich trägt, verblassen und verdunsten. Das lässt starke Frauen zu Schwachen werden. Sie haben sich selbst dieses Gefühl beschert, sich schwach gemacht! Oder: sie haben das zugelassen, dass man sie so sieht.

Mal ehrlich, Maria: gab es unter den Frauen nicht doch einige, die es als Diskriminierung erlebten, dass sie dem Herrn dienten, aber Jesus nur Männer in den Kreis der Apostel berufen hat?

mm Das war für uns noch kein Thema. Das ist ein modernes Thema, dass von außen eingedrungen ist und sich unter euch verbreitet hat. Es ist eine fremde Theorie, die sehr stark von klassenkampfartigen Ideen oder Ideologien aus eurer Gesellschaft in die Kirche eingewandert ist. Und darum die Wirklichkeit im Reich Gottes nicht wirklich beschreiben kann.

Wir waren ja ebenfalls eine „ausschließliche" Gruppe: die Frauen. Wir waren „exklusiv" im Sinne von ausschließlich und ich kann auch sagen: im Sinne von „besonders", „außergewöhnlich" und „einmalig". Da hatte ja auch kein Mann seinen Platz, weil er von seinem Wesen her nicht unter diesen Titel „Die Frauen" passte. Ich finde diesen Verdacht merkwürdig, den ihr mit dem Wort Diskriminierung aussprecht.

Welchen Verdacht meinst du?

mm Ich meine, dass das Wort Diskriminierung immer voraussetzt, dass Unterschiede ein Unrecht seien, und dabei die eigenen Begabungen übersehen werden. Dabei lebt alles, was fruchtbar sein will, von den Unterschieden und Gegensätzen. Das, was ihr Strom nennt, lebt von Plus und Minus . Der Fortgang der Welt durch immer wieder neue Kinder lebt auch von Mann und Frau, auch hier zwei Unterschiede, ohne die nichts läuft, wie Plus/Minus. Ihr habt eine merkwürdige Gleichheitsideologie unter euch gelten. Das beobachten wir vom Himmel her in zunehmender Sorge. Durch die Einebnung, die ihr vornehmt, auch zwischen Männern und Frauen geht euch die positive Kraft der Reibung verloren, die in allen sich begegnenden Unterschieden liegt. Der „Strom" , aus dem ihr lebt, kommt aus Plus und Minus, aus der Reibung der Gegensätze: Wo alles gleich sein soll, auch in der Kirche, da wird es dann auch unverstehbar, wenn es Unterschiede gibt hinsichtlich des Zugangs zum Priesteramt, die sich als ärgerlich erweisen. Ärgerlich ist jedoch die Weise, alles unter dem Stichwort Gleichheit einzuebnen. Die Kirche ist mit ihrem Beibehalten der Geschlechterdifferenzen um so vieles weiser, als die einebnende Gleichmachungs-Ideologie. Macht doch aus der wunderbaren und von Gott geschenkten Vielfalt keinen Einheitsbrei.....

Und ihr konntet als Frauen bei Jesus diese Unterschiede aushalten, auch wenn ihr dadurch den Kürzeren gezogen habt?

mm Ich glaube nicht, dass wir den Kürzeren gezogen haben. Den ziehen eher die, die sich beklagen, dass ihnen etwas„ vorenthalten" würde.

Wir Frauen waren uns unserer Würde bewußt , zu diesem Kreis der Frauen, die mit Jesus gingen, zu gehören. Wir hatten Respekt vor unserer, uns durch Christus gegebenen Würde, ebenso hatten wir Respekt vor den Männern, dem Apostelkreis. Wir haben nicht den Eindruck gehabt, dass die eine Gruppe der anderen etwas wegnehmen würde. Im Gegenteil, wir haben uns ergänzt. So, wie es in einer Ehe Mann und Frau gibt, zwei unterschiedliche Personen, die füreinander jeweils Ganzandere sind, mit unterschiedlichen Gaben und dennoch gemeinsam sein konnten auf dem Weg der Nachfolge. Jedem das Seine, so nenne ich das. ....weil jeder mit dem Seinen für das Gemeinsame eintritt, sich einbauen lässt in den Leib Christi, in das Haus der Kirche.

Nun wollen Frauen heute auch Priesterinnen werden (also zu der Gruppe der Apostel gehören, so könnten wir das mal im weitesten Sinne ausdrücken). Sie geben sich mit dem „Jedem das Seine" nicht zufrieden bzw. sie verstehen es als Verstärkung ihres Anspruchs. Sie sagen: Ja klar....jedem das Seine..... und mir das Meine, nämlich das Priestertum. Ja, klar das Priestertum ist auch das Meine, sagen sie. Warum enthält man uns das Unsrige vor?

mm Das größte Problem dieser meiner von mir sehr geschätzten Schwestern im Herrn ist der Kurzschluss, ihnen stünde etwas zu, sie hätten ein Recht auf die Priesterweihe. Dieser Kurzschluss wird natürlich genährt durch das heute Übliche in der Gesellschaft: wo die Frau in fast allen Berufen zu finden ist. Warum ist das also nicht auch in der Kirche möglich ? Die Frage ist verständlich. Aber trifft nicht das Wesentliche.

Genau! Warum nicht in der Kirche? Das Nein der Kirche ist heute so gut wie nicht mehr vermittelbar.

Gleichberechtigung auf Katholisch

mm Schwer vermittelbar ja, doch es kommt auf die Bereitschaft zum Hören an. Und auf die Grundlage, von woher ich denke. Wenn ich aus dem gesellschaftlichen Denken komme und von dorther denke, dann komme ich zu Ergebnissen, die mich letztlich nur verärgern müssen. Da kann es dann sein, dass einem der Kragen platzt, und man eine solche Gangart einschlägt wie die Frauen bei Maria 2.0 und anderen Initiativen. Es sind ja nicht alle Frauen, die darauf so reagiert haben. Aber auch meine Schwestern bei Maria 2.0 möchte ich zunächst einmal verstehen lernen, ohne dass ich ihr Auftreten gut finden muss. Es sind Frauen, die sich und ihre Kraft schon ganz viel in die Kirche eingebracht haben, ganz viel Liebe, ganz viel Herzblut. Und dann hören sie, ihnen werde aus niederen Gründen etwas vorenthalten Und sind nun enttäuscht. Und es sieht so aus, als wollten sie alles aufs Spiel setzen. Ich frage mich, wie wir ihnen helfen können? Es würde mir selber gut tun, ihnen hier eine Erleichterung zu geben. Wenn ich da und dort auch kritische Anfragen an diese Frauen haben, dann um ihnen Gutes zu tun. Es fällt mir schwer, auszuhalten, dass sie aufgrund einer eigenen Idee oder gefördert durch eine gesellschaftliche Ideologie so im Unfrieden stehen mit der Kirche,

Ist es das Denken, das du kurz vorher als Kurzschlussdenken bezeichnet hast?

mm ..... damit meinte ich das Denken, es wäre in der Kirche wie in der Gesellschaft, dass man ein Recht auf etwas habe. Wer hat schon ein Recht auf etwas von Gott? Kein Mann hat ein Recht auf die Priesterweihe, eine Frau hat´s auch nicht . Auch das Wort Gleichberechtigung ist kein Wort, um mit Gott zu kommunizieren. Bei Gott gibt es zwar ein „gleich: in der Würde, aber keines in dem Wesen von Mann und Frau. In Gottes Schöpfungsplan ist der Unterschied, die Differenz ein wesentlicher Aspekt. Wie gesagt: ob Mann ob Frau: Niemand kann Rechte vor Gott reklamieren!! Da braucht man eine bestimmte Haltung, um dies anzunehmen.

Und die wäre?

mm Ich meine damit die Demut, die früher vielleicht etwas übertrieben wurde. Demut die falsch als völlige Verlöschung des eigenen Ich verstanden wurde. Das ist aber nicht gemeint mit Demut....

Was denn sonst?

mm Demut ist die Zustimmung zu Gottes Realität, zu meinen Grenzen, zu meinem Auftrag., zu meinen Möglichkeiten

Und die siehst du bei deinen Maria 2.0-Schwestern nicht, diese Zustimmung?

mm Nun Anlass zu dieser Sorge gab es genug. Im Himmel herrschte aufgrund dieser Nachrichten ziemliche Sorge

Was war der Auslöser dafür?

mm Es war die Art und Weise der Selbstpräsentation, z.B. dieses Spruchbanner: AUCH ICH kann PRIESTER (WERDEN)! Das war an die Kirche gerichtet. Auch die vielen unterschwelligen Anschuldigungen in der Öffentlichkeit, mit denen man die Herabsetzung der Kirche weiter beförderte. Die Kirche wurde damit als dumm und hinterwäldlerisch dargestellt. Und jetzt kommen wir Frauen und wissen alles besser! Es war wie eine Anklage der Kirche vor dem Tribunal der Welt.

Hmmmm.

mm .....und vor den Augen Gottes war es indirekt der Vorwurf, Gott würde der Frau etwas vorenthalten, ein Recht und sie damit – wie sagt ihr doch dazu..

diskriminieren...

mm ...genau diskriminieren.

Du meinst, mit ihrer Aktion haben sie nicht nur die Kirche geschwächt, sondern auch die Verkündigung Gottes?

mm Ja es sah so aus: Der Gott der Katholiken grenzt die Frauen aus. Das ist zwar eine kurzschlüssige Sicht, aber sie ist laut und eindringlich und setzt sich in den Köpfen fest,

Aber sind die Frauen nicht sozusagen aufgetreten unter dem Namen der Gottesmutter Maria?

mm Das ist noch so ein Punkt. Sie sind zwar aufgetreten unter dem Namen, haben ihm aber keineswegs entsprochen, sie haben dem Wesen Mariens genau entgegen gesetzt gehandelt

Empfangend sein

Wieso das? Ist nicht Maria die mächtige, kampfbereite Prophetin, die Powerfrau, die Revolutionärin, die alles umstürzt?

mm ......zu allererst stürzt sie sich selber um.

Das musst du aber erklären, das versteht so keiner!

mm Gerne! Maria, die Mutter Jesu, war eine Frau, die den Umsturz predigte oder vorlebte, der im Menschen selber passieren muss, weil Gott sonst den Umsturz passieren lässt. Sie spricht in ihrem Loblied und Preisgesang auf Gott so Sätze wie: er stürzt die Mächtigen vom Thron und er zerstreut die Hochmütigen.

Das ist aber kein Satz, der die Frauen von Maria 2.0 treffen könnte. Wo wären die mächtig, als Frau in der Kirche? Sag es mir: Wo? Sind sie nicht eher die Erniedrigten, die Gott erhöhen will

mm Ob die Frau machtlos war und ist, in der Kirche, darauf werden wir hoffentlich gleich noch zu sprechen kommen. Doch für jetzt Folgendes: Maria 2.0 ist angetreten unter dem Stichwort Macht, an der sie teilnehmen wollen. Sie sind angetreten mit Forderungen. Und damit treten sie wie von selbst aus dem Namen Marias hinaus. Nein, so war Maria nicht!

Wie war sie denn, das solltest du den Leserinnen und Lesern, die diesen Einblick nicht haben. mal berichten.

mm Maria war eine Empfangende. Ihre Größe bestand darin, zu sagen, sie möchte Magd des Herrn sein und ihm und seinem Sohn und den Menschen dienen.. Sie erklärt sich einverstanden mit Gott und sagt: Mir geschehe nach deinem Wort, so wie du es willst.. Sie hat Christus gedient. Ihre Revolution war die Revolution des Menschen gegen sich selbst, gegen Macht-und Selbstbehauptungsgelüste des Menschen vor Gott. Ihre Macht war die dienende Liebe. Und sie erlebt, Gott hat auf ihr Kleinsein, ihre Niedrigkeit geschaut. Nicht sie selbst hat sich groß gemacht, sondern Gott tat es. Und ihr Verhalten bleibt allezeit als das Gültige für den Menschen, nicht nur für die Frau, auch für die Männer erhalten: von nun an preisen mich die Menschen aller Zeiten, sagt sie (siehe Lukas 1,46-55), - Du kannst sicher selbst beurteilen, ob das Auftreten von Maria 2.0 dem entsprach.

Das gilt aber dann nicht nur für die Frauen, diese Sprengstoffsätze aus dem Magnificat, sondern auch den Männern!?

mm Ganz gewiss! Dem müssen sich auch die Priestermänner immer wieder unterstellen. Und da muss ich es sogar den Männern als Erstes sagen, die im Lauf der Geschichte sich groß gemacht haben, immer wieder auch auf Kosten der Frau! Hier müsste man/n eine starke Selbstbesinnung einlegen, deren Endergebnis jedoch nicht in einer Nivellierung von Mann und Frau liegen soll.

Kann die Kirche denn verhindern, dass sich Leute ins Priesteramt drängen, die diese „Hoppla--jetzt-komme-ich-und-ich-kann-Priester-Mentalität haben?

mm Das gelingt nicht immer, aber die Kirche hat ziemlich von Anfang an aufgepasst, dass nicht solche Männer zugelassen wurden, die mit dieser Einstellung kamen. Und darin ein Recht für sich sahen. Doch jeder muss sich sagen: Nicht ich selbst bestimme, ob meine Berufung echt ist, sondern andere müssen es tun! Sie ist -egal bei wem – stets anfragbar, diese Einstellung „Ich kann auch Priester und deswegen steht mir „e s" zu! "

Wobei die Frauen „es" ja nicht werden können, weil sie Frauen sind. Ihr könnt etwas nicht aufgrund eures Geschlechtes!! So sagt man ihnen.

mm Ich möchte mich als Frau so nicht beschreiben......Ich bin nicht jemand, der nicht etwas anderes ist. Ich bin nicht nichts, weil ich nicht Priesterin sein kann. Ich definiere mich nicht von dem her, was ich nicht bin, sondern von dem her, was ich bin, durch Gottes Güte und Gnade.

Viele deiner Schwestern heute scheinen sich aber von diesem „nicht" her zu bestimmen, anstatt zu schauen....

mm ......wie groß sie doch sind in den Augen des Herrn und in seinem Herzen. Das Letztere macht froh, das andere wohl eher traurig! .

Wie stehst du zu den Aktionen?

mm Ich bedauere das, diese öffentlichen Aktionen.. Das bringt einen klassen-kämpferischen Ton in das Ganze, wie ich vorhin schon sagte.

Und das Priestertum wird entwertet, weil man es als normalen Job ansieht, wie jeden anderen, für den man vor das Verfassungsgericht treten und sein Recht darauf einklagen kann..... Mit einer solche Gleichsetzung zerstört man das Geheimnis Gottes, das sich im Priesterdienst verbirgt.

Vor Gott sind Mann und Frau in ihrer Würde gleich, aber ab da beginnt die Ungleichheit, d.h. die der Andersartigkeit.

Gleich sind Mann und Frau in der Würde, ansonsten gilt die Differenz; und die bringt Gewürz und Geschmack in die Kirche.

Mir kommt dieses öffentliche Gerangel um das Priestertum als ein sehr unwürdiges Geschehen vor.

Dem aber wohl die meisten Frauen zustimmen?

mm Eine Frau, die kritisch der Aktion gegenüber stand, sagte kürzlich einmal, diese Aktion könne auch als Selbstabwertung der Frau verstanden werden.

Was soll damit gemeint sein?

mm .....wenn man mehr auf das schaut, was andere haben und was ich auch haben möchte. und nicht so sehr mit den eigenen Talenten wuchert, mit dem eigenen Wert. Dabei kann auch leicht die Ehre Gottes aus dem Blick geraten.

Die Ehre Gottes?

mm Ja, wer Priester werden will, der muss kommen, um etwas für Christus und sein Evangelium tun zu wollen, und nicht für die eigene Verwirklichung. Christus, was willst du von mir und was kann ich dazu beitragen, dass du verherrlicht wirst? – das ist die Ausgangsvoraussetzung für einen geistlichen Dienst – und ist dann auch wahre Selbstverwirklichung: ich gewinne mein Selbst aus dem Du Christi und seinen Gaben.

Aber geht es nicht in dem Ganzen auch um das Empfinden vieler Frauen, sie wären nicht ausreichend beteiligt am Einflusshaben, das Empfinden: sie wären draußen und nur die Männer wären im Vorrang? Hast du dafür kein Verständnis?

mm Doch, habe ich. Ich kann die Frauen verstehen. Ich kann sie aus ihrer Sicht und von ihrem Standpunkt aus sehr gut verstehen, auch wenn ich ihre Agitation der Kirche als (letztes?) Mittel nicht mag. Ich kann diese Frauen verstehen, und mein Herz schlägt für sie, weil die Frauen ja tatsächlich über lange Zeit nicht gesehen worden sind in den Talenten und Gaben, die sie einbringen...

Ich habe ein lustiges Ereignis dazu, fast schon eine dauernde Denkweise: wenn von Pfarrfesten in der örtlichen Presse berichtet wurde, dann stand dort immer „Pfarrer X hatte ausgewählte Speisen vorbereitet!" Und wenn der Pfarrer einmal für die Kamera in der Küche am Spülbecken stand, dann erweckte das in Zusammenhang mit dem Bild den Eindruck: Ohne Pfarrer X geht nichts. Dass da eine Heerschar – meistens – von Frauen dafür gerade stand, wurde unterschlagen. „Herr Pfarrer hat dieses oder jenes getan!"

Männer. Und: die Macht

Aber tatsächlich ist doch im kirchlichen Amt durch die Männer Macht ausgeübt worden, auch den Frauen gegenüber.

mm Macht ausüben ist zunächst nichts Schlimmes, sondern Ausübung des übertragenen Dienstes oder Amtes. Wer seine Macht nutzt im Sinne seines Auftrages, tut was sein Auftrag ist. Aber Macht hat heute einen negativen Beiklang und gilt als verdächtig, anderen den Einfluss zu nehmen. Wer ein solches Denken von Macht hat, muss zwangsläufig jede Art von Macht ablehnen oder verdächtigen, Böses zu wollen. Er muss dann auch sein eigenes – oft versteckt agierendes – Verlangen nach Macht ablegen.

Nicht das Machtausüben der Männer in der Kirche ist falsch (sie haben dazu die Vollmacht von Jesus her bekommen), sondern wer Macht missbraucht, um andere klein zu halten und sich groß zu machen, der tut dann das Falsche. Von dem kann man sagen, er habe Macht missbraucht. Wo ein Amtsinhaber seine Macht ausgeübt hat, an dem Verhalten des Herrn vorbei, dann war das nicht die Macht, wie sie im Reich Gottes ausgeübt werden soll: nämlich die Voll-Macht. Ich deute dies hier einmal als Füll-Macht, die andere erfüllen soll mit Heil (und nicht sich selbst die Rosinen herauspickt). Voll-Macht. Voll Macht sein, um zu machen, dass andere selig werden.

Ist der Machtmißbrauchsvorwurf der eigentliche Fokus der heute agierenden Frauen?

mm Ich glaube, diesen Vorwurf nehmen sie als Ausgangspunkt. Aber sie selber und andere Gruppierungen bringen die alte sozialistische Anfrage ins Spiel, ob es Macht denn überhaupt geben dürfe. Zumindest die Macht der anderen; die eigene Macht wird nicht angefragt, Bei allen Revolutionen, die sich gegen die Macht der Machthabenden richteten, ergab sich zum Schluss, dass nicht die Macht abgeschafft worden ist (wie man es vor hatte, was bekanntlich nicht möglich ist, sonst könnte niemand mehr etwas „machen"!), es haben nur die Machthabenden gewechselt und ihre Methoden waren genau so schlimm, wie die ihrer „entmachteten" Vorgänger.

Ich finde es erschreckend und unreflektiert, dass und wie manche Frauengruppen heute hingehen und durch öffentliche Agitation Druck auf die Kirche machen, selber Macht einsetzen, um sich gleichzeitig aufzuregen über die Macht, die einige haben („Die" Männer).

Du meinst mit Sicherheit jenen Aktionssonntag von Maria 2.0?

mm ....wo Maria 2.0 alle Frauen dazu aufforderte, an diesem Tag nicht in die Kirche zu gehen, sondern draußen zu bleiben – um „der" Kirche mal zu zeigen, welche Bedeutung die Frau in der Kirche hat – unter dem Motto: „Ohne uns geht nichts!"

Stimmt das denn nicht?

mm Natürlich, du hast Recht! In der tiefsten Tiefe stimmt dieses Wort. Ohne die Frau geht nichts. ...wäre unsere Kirche leer usw. usw.

Dabei höre ich wiederum Verständnis für deine Mitschwestern im Glauben heraus???!!!

mm Ja, natürlich, ich kann verstehen, dass sie die Konfrontation wollten. Um mal zu Wort zu kommen. Ich kann nur die Umgangsform nicht gutheißen.

Ist das nicht eine pfiffige Aktion gewesen?

mm So erschien sie jedenfalls der Öffentlichkeit. Aber dennoch: *wie kann man das Herzstück des Glaubens, die hl.Messe dazu benutzen, um eine Demonstration zu veranstalten?* Also: die Feier des bis zum letzten gehenden Dienstes Christi (Kreuzestod, der in der hl.Messe gegenwärtig wird!)), wo sich seine Ohnmacht am deutlichsten zeigt, der wird gebraucht , um Macht auszuüben auf die Kirche, um Druck zu machen.

Und dann dieses Draußen-bleiben....

Was meinst du damit?

mm Ich hatte den Eindruck, als wäre das Draußenbleiben v o r der Kirche ein äußeres Zeichen für einen inneren Zustand. Ich fragte mich, ob manche innerlich nicht längst draußen sind? Also – kein gutes Abbild.

Abbild – wovon?

mm Sie haben sich ja als die Maria 2.0 bezeichnet, um deutlich zu machen, dass die 2.0 etwas mit der ursprünglichen Maria zu tun hat (ich nenne sie vorsichtig und respektvoll 1.0,). Aber so total unmarianisch wie die Sonntagsaktion war und andere Demo´s von 2.0, so total groß ist der Unterschied der ersten Maria zu denen von 2.0.

Das haben wir vorhin schon besprochen!

mm Genau! Maria macht sich zur Dienerin des Herrn, will seine Magd sein, ihr soll nach seinem Wort geschehen, sie schaut nicht auf ihre Rangstellung, sondern stellt sich ganz zur Verfügung

Und Maria 2.0?

mm .....du weißt es!

In der Öffentlichkeit haben das aber fast alle gut gefunden!

mm Ich weiß von Nachdenklichen, den Stillen in der Kirche und im Lande, dass sie diese Aktionen abscheulich gefunden haben. Es gibt mehr Frauen, die das ablehnen, als ihr meint. Weißt du, von dort oben hat man einen ganz guten Überblick. Ich weiß von ganz modernen Frauen, die ganz Frau in der Welt sind und Frau in der Kirche, die kein Bauchweh damit haben, nicht Priesterin sein zu können. Jemand von denen hat mal scherzhaft gesagt (doch auch mit ernstem Hintergrund): Frauen können keine Priester sein, denn Gott habe das Schwache erwählt, nämlich Männer.

Die Evangelien berichten doch mal von einem Gerangel unter den Aposteln um den ersten Platz, um das Zu-sagen-haben im Reich Gottes. Und dann sagt der Herr: Die Herrscher üben ihre Macht aus. Bei euch soll es anders sein: der Größte, der Machthabendere unter euch ist der, der den anderen dient

mm Damit ist eigentlich alles gesagt! Es gibt übrigens auch eine phantasierte Machtüberbetonung: da kommen von außen Stimmen an die Frau heran, die ihr suggerieren: Du bist unterrepräsentiert, dir werden Rechte vorenthalten. Und wenn sie sich dem unreflektiert stellt, dann ist natürlich Ärger im Haus. Hier könnten sie manchen Ärger herunterfahren, indem sie diese Behauptung einmal einem Faktencheck unterwerfen, der nicht durch die gesellschaftliche Brille betrachtet und begründet wird, sondern aus der Hl.Schrift und der Glaubenstradition der Kirche.

Ich bin mir sicher, dass viele Frauen dann besser da stehen wie manch ein heutiger „Apostel"

Wer war denn mächtiger: der große und heilige Papst Johannes Paul II. oder Mutter Teresa, vor der Johannes Paul sich verneigte? Wer ist denn mächtiger: die Krankenschwester, die ihren Patienten dient, oder der Oberarzt, der sagt, wo es lang geht. Obwohl beide jeweils wichtig sind.

Die Frauen - großartig in ihrem Wesen - und ihrem Dienst

Damit willst du wohl die Rolle der Frau in der Kirche auf das Dienen einschränken. Fragezeichen. Ist es nicht genau das, was die Frauen bemängeln: wir dürfen die Dienstmagd spielen, andere sind die Herren?

mm Du hast Recht! Wenn man die Frauen in einer solchen Weise „nutzt", sie klein hält und ihre Begabungen und ihren Genius unterdrückt, dann ist das falsch. Das hat es natürlich gegeben, und da ist, wo es auch heute noch geschieht, Veränderung nötig, dort, wo es veränderungsmöglich ist. Ich sehe da die zunehmende Berücksichtigung von Frauen für Leitungsämter in der Kirche, die nicht zum Weihesakrament gehören. Meine Schwestern im Glauben haben sicherlich einen wunden Punkt getroffen, wenn sie bemerken: an den Stellen in der Kirche, wo es ginge, wäre die Frau noch unterrepräsentiert, wäre ihr spezifischer Beitrag noch nicht genug gewertschätzt. Aber daraus eine allgemeine Nichtbeteiligung der Frau an wesentlichen Vorgängen in der Kirche zu konzedieren, schießt übers Ziel hinaus.

?????

mm Ich sehe deine Fragezeichen! Es stimmt nicht, dass die Frau nicht entscheidend beteiligt war. Wenn ich allerdings dafür als Kriterium nur die Beteiligung am Priesteramt nehme, und mir hier nur die Kategorie von Machtbeteiligung zur Verfügung steht, muss ich zwangsläufig an der Realität vorbei denken, und es muss sich zwangsläufig Frust einstellen. Aber: der ist selbst gemacht!

Was heißt das, selbstgemachter Frust?

mm Denk an eine Ehe. Wenn sich der eine vom anderen ein Bild malt, wie der seinerseits zu sein habe, und wenn man ganz hohe Erwartungen an den anderen hat...und sich dann herausstellt: der andere kann sie nicht verwirklichen: dann bin ich es, der vom zu hoch gebauten Gerüst herunterfalle und bin selber schuld, wenn ich enttäuscht bin. Meine hohen Erwartungen waren der Grund für meinen Sturz von oben. Selbst verschuldete Enttäuschung! Das ist nach meinem Blick auch der Hauptgrund für den gegenwärtigen Kirchenfrust: die Kirche wird bedrängt, dieses oder jenes nach den gesellschaftlichen Spielregeln umzuändern. Aber wer fragt sie denn danach, was sie ändern kann? Sie gilt dann als unmodern!

Ist sie es nicht auch? Unmodern?

mm Die Kirche wird immer unmodern sein, weil der Glaube stets im Kontrast zum bürgerlichen Dasein steht, ja stehen muss. Gleichklang und Gleichschritt sind nicht Auftrage der Kirche. Unmodern – dieser Vorwurf kann die Kirche nicht berühren, weil das ihre Aufgabe ist, zu allen Zeiten die Botschaft des Evangeliums zu bringen. Die Welt versucht, sie nach weltlichen Kriterien zu prägen. Doch wer fragt sie nach ihren Regeln, nach ihrer Bestimmung. Und keiner hat Verständnis mehr dafür, dass sie nach anderen Gesetzen gestaltet ist. Und man ist dann sauer, wenn die Kirche nicht nach menschlicher Pfeife tanzt, sondern wenn sie das tut , was jemand tun muss, der seinem Ursprung und Christus treu sein will.

Nämlich?

mm ......sich orientieren an den Regeln der Kirche und verstehen lernen. Manchmal habe ich den Eindruck, dass in eurer Gesellschaft die Regeln und Empfindungen der Muslime mehr Toleranz bekommen, als die Kirche mit ihren Regeln. Die Gesellschaft schaut vorsorglich schon, wo kann sie all das beseitigen, was die Empfindungen der Muslime verletzen, sie „diskriminieren“ könnte (wie das verrückte Wort heute heißt).

Da wird überlegt, das Martinsfest als Winterlichtfest umzudekorieren – und ähnliches. Da ist also schon vorauseilende Toleranz für die Muslime und ihr Eigenleben, während hier Dauerkritik am Eigenleben der Kirche vorherrscht. Wie kann die Kirche nur....! Da ist viel mehr an Aggression und bitterernstem Zustand vorhanden.

Doch zurück zum Selbstverständnis, dem Minderwertigkeitsempfinden bei manchen Frauen der Kirche, weil sie nicht Priesterin werden können.

mm Wenn ich den Beitrag der Frau nur von diesem Gesichtspunkt her als wertvoll definiere, dann fallen Abertausende von Frauen im Verlauf der Kirchengeschichte bis zu den Frauen von heute einfach unter den Tisch! Ich denke an die große Anzahl wertvoller, begabter Frauen in den Diensten von Gemeinde-und Pastoralreferentin, oder deren Vorgängerinnen, den damals sogenannten Seelsorgehelferinnen (wozu Männer übrigens damals auch nicht zugelassen waren!): da ist eine unzählbare Schar von Frauen, die der Kirche in ihrem Dienst gedient haben. Ohne die wären wir nicht das, was wir heute sein könnten. Was wäre, wenn all diese Frauen nur auf das Priesteramt gestarrt hätten wie das Kaninchen auf die Schlange, anstatt im Rahmen ihrer Berufung anzupacken? Doch nicht nur diese Frauen in einem beauftragten Dienst der Kirche sind zu nennen.

...wer denn sonst noch?

mm Ich muss fairerweise all die Frauen, Ehefrauen und Mütter heranziehen , die so Großes geleistet haben, dass manch ein Mann und manch ein Papst, Bischof oder Priester dagegen ganz arm aussehen würde.

Aber ich will hier keinen Gegensatz aufbauen, doch nur sagen, dass das Verdienst und die Beteiligung der Frauen sich nicht ablesen daran, dass sie in den Weihelisten der Kirche nicht auftauchen.

Was wäre der Verdienst dieser Frauen`?

mm Ich sehe schon das Naserümpfen, wenn ich folgendes sage. ....

Der Verdienst all dieser Ehefrauen und Mütter war es, Kinder in die Welt gesetzt und diese als deren erste Katechetin zu Gott hingeführt zu haben, mit sogar einem neunmonatigen Vorsprung vor den Männern, wo es für das heranwachsende Kind im Mutterleib schon die Herz-zu-Herz-Katechese gab (ein „unerhörter“, ungerechter Vorsprung vor den Männern – oder?). Diese waren natürlich auch Katecheten für ihre Kinder, aber oft weniger, weil die Männer weniger Seelenkontakt zum Glauben hatten. So lag der Schwerpunkt dieses zukunftsträchtigen Dienstes an den Kindern sicherlich bei den Frauen !!). Also hier hatte die Frau (gesellschaftlich gesprochen) die Macht, die nachfolgenden Generationen zu prägen.

Und ich frage allen Ernstes: Das soll alles nichts sein! Das ist nichts gegen die Macht, die ein Priester hat?

Liebe Geschwister im Glauben: warum wertet ihr euer Charisma und eure Ver-Dienste um die Kirche so ab und tut so, als hättet ihr nicht an entscheidender Stelle längst mitgewirkt? Oder wollt ihr das nicht erkennen? Bei so mancher von euch kämpferischen Frauen für das Priesteramt habe ich das Gefühl, dass ihr das nicht wahrhaben wollt, es eher als minderwertig betrachtet. Das gerät bei euch oft in die Kategorie „Dienstmädchen“ – und das ist für euch negativ.

Muss man dann nicht auch die großen Frauen unter den Heiligen ganz anders betrachten?

mm Ja, klar, denn es ist immens und unzählbar, wie hier die Frau gewirkt hat, wie sie in Krisenzeiten der Kirche gerufen ward, Wesentliches einzubringen.

Aber ich denke hier nicht allein an große Namen. Ich sehe die Alltagsfrauen, die ihre Ehemänner zum Lieben hingeführt haben, auch zum Glauben oder an die Frauen von Fürsten und Königen, heute von Politikern, die ihre herrschenden Männer zur Milde hingeführt haben und manches entschärft haben an Härte der Regierenden. Und man muss an die Hunderttausenden von Ordensschwestern denken, ohne deren Beitrag wir nicht eine solch menschliche Kultur hätten, Noch einmal und noch betonter gefragt: Das alles soll Nichts sein, wenn man nicht Priesterin sein darf?

Und diesen Dienst den redet man (hier: frau) hinweg und tut so, als ob „Die Frauen“ nie beteiligt gewesen wären. Sie haben sogar in manchen Situationen den entscheidenden Beitrag geleistet, und das, ohne Priesterin zu sein. Aber man redet sich selber schwach mit dem Klagen über den sogenannten „Ausschluss“ der Frauen vom Priesteramt.

Du meinst: dann übersieht man vor lauter Starren auf einen Aspekt den Blick für die eigene Würde und Leistung?

mm Ich hätte am liebsten eingegriffen, weil ich mich für sie geschämt habe und hätte ihnen zugerufen: Seht ihr nicht, wie ihr über die Felder talpt wie ein Elefant durch den Porzellanladen: jene Felder, die voll sind mit Früchten weiblicher Beiträge für Kirche und Welt. Ihr macht doch mit eurem Lamento eure eigenen Verdienste platt. Ihr könnt doch nicht so tun, als ob die Frau in der Kirche nicht etwas Tolles geleistet hat. Damit bin ich als Frau nicht einverstanden, wie ihr durch den Acker rast und dabei die Frucht zerstört. So hätte ich es am liebsten gesagt. Denn: ich bin gewiss, die Frauen haben einen unersetzbaren Beitrag geleistet, aus ihrem fraulichen Genius heraus

Kannst du einiges davon präziser erzählen?

mm Ich kann für die Frauen so ganz wertvolle Tätigkeiten und Dienste berichten, die der Tätigkeit „Der Männer“ (Apostel und Nachfolger) in keiner Weise nachstehen. Jemand, ein Mann sagte mir einmal als er das las: Ich bin beeindruckt und angerührt, wie hier die Frauen ihr Charisma verwirklicht haben, ohne an den Männer maßnehmen zu müssen.

Da ist als 1. Maria, die Mutter Jesu. Sie wird zu seinem Tempel, bringt ihn unter die Leute (Weg zu Elisabeth), sie bringt ihn zur Welt, sie schützt ihn durch Flucht, sie nimmt ihn als Toten in den Schoß zurück und gibt ihn bei seiner Auferstehung und auch schon vorher frei für die Welt („sie hat ihn zur Welt gebracht“)

Und dann kommst du ins Spiel, Maria Magdalena, der du zu Füssen Jesu sitzt, ihm zuhörst…..

mm Ja, welch ein Privileg schon damals, als es unschicklich war für einen Lehrer, eine Frau als Schülerin zu haben

Und dann sagt er zu mir noch den Satz: Maria, du hast den besseren Teil erwählt – und meinte damit mein Sitzen beim ihm und mein Zuhören..

Worüber sich deine Schwester Martha aufgeregt hat

mm Ja, sie meinte, er würde ihre Arbeit in der Küche zu seinem Wohl nicht schätzen.

Und was meinte er damit, wenn er denn Martha nicht beurteilen wollte?

mm Er hat´s ihr anschließend gesagt: Wenn ich da bin, ist das Hören auf mich zunächst mal der bessere Teil. Aber damit hat er nichts gegen Martha gesagt, sondern nur die Reihenfolge betont, die wichtig ist. Also wenn Jesus dann Jesus. Wenn Küche dann Küche.

Aber dann bekam Martha deine Schwester noch ihren besseren Teil

mm Du meinst am Grab unseres Bruders Lazarus! Da ist Martha dem Herrn entgegengelaufen und hat ihm als starke Frau ihr starkes Bekenntnis zugerufen, dass er der Retter sei, der Sohn Gottes. Ja, das war wirklich ihr besserer Teil in diesem Moment. Es gibt da keine Konkurrenz im Sinne von Abgrenzung und „besser“ sein als eine andere Person. Denn immerhin war die Küchenarbeit doch auch Sorge um den Leib Christi.

Sorge um den Leib Christi?

mm Ja, Wir Frauen trugen Sorge um den Leib Christi, um sein Dasein, da wir es waren, die ihr Vermögen für ihn und seine Jünger einsetzten.

Wenn es also um Leibsorge geht, dann bist du ja im Blick des Johannesevangeliums eine wesentliche Sorgerin für deinen Herrn

mm Was meinst du damit?

Nun ich denke an die verschiedenen Berichte in den Evangelien, in denen du dich um dem Leib des Herrn sorgst: vom Waschen seiner Füße mit deinen Tränen bis hin zum Gang mit wohlriechenden Salben zum Grab: wenn das keine Leibsorge um deinen Herrn ist, dann weiß ich es nicht!

mm Du denkst also an jene Begebenheit, wo ich zum Herrn kam, um ihn zu ehren: ihn einzusalben in kostbaren Salben

Ja, als er lebte und nach seinem Tod am Grab! Du hast ihm mit deinen Reuetränen berührt, ihn mit kostbarem Öl gesalbt.

mm Ja, ich weiß. Und das nennst du Sorge um den Leib Christi!? Ich habe das noch nie so gesehen, aber du hast Recht! Wir Frauen hatten die Sorge um den Leib Christi übernommen. Und das tun wir auch heute und müssen dazu kein Priestertum haben: den Leib Christi (=die Kirche) nehmen wir in unsere Fürsorge,wir prägen den Leib Christi ....

weit mehr als ...als mancher Priester es tut!

mm Ich würde es versöhnlicher sagen: Wir sorgen uns um den Leib Christi wie ein Priester das tut. Nach unserer Wesensart und dazu müssen wir nicht Priester sein!

Was gibt es noch für weitere Geschehnisse dieser Leibsorge um den Herrn durch die Frauen?

mm Wenn ich es zusammenfasse: Frauen dienen Jesus indem sie wie ich ihm den Dienst der Fußwaschung antun und ihn salben; indem sie für ihn kochen, wie Marta; ihm Wasser für seinen Durst reichen (wie die Frau am Jakobsbrunnen); ihn anbeten und verkündigen als den Herrn (wie Martha); ihn hinweisen auf etwas (wie die syrische Frau); die Frauen, die über ihn weinen auf seinem Kreuzweg. Und die Frauen, die mit Ölen kommen um ihm Ehre zu erweisen im Grab, und die dafür alles ausgeben, was sie haben. Das klingt hoffnungslos veraltet

Mit der Kategorie „Dienstmädchen" hast du eben welchen Zustand gemeint?

mm Weil manche diese Dienste abwerten, sie sozusagen zum „Dienstmädchen-Dasein" erklären. Was hat denn das berühmteste Dienst-„Mädchen" der Kirche anderes getan, als das von mir Beschriebene

Wen meinst du damit?

mm Maria von Nazaret, die Mutter Jesu. Maria, die wahre Maria. Also 1.0. Sie hat sich als Magd des Herrn bezeichnet und war als solche eine weitaus mächtigere Frau als manche Königin der Welt. Und sie war keine Priesterin! DER GRÖSSERE IM HIMMELREICH IST NACH JESU WORTEN EBEN DIE : DIE DIENT!

Nochmal: ich will hier keine Gegensätze aufbauen zwischen Priestern und Frauen, aber der Dienst von Lisa Schmitz als Ehefrau, Mutter, Katechetin ihrer Kindern und der Kommunionkinder der Pfarrei, ...solch ein niederer Dienst: den Männern den Dreck weg machen, damit diese „regieren" können...... Aber für Lisa Schmitz war das keine Drecksarbeit, sondern sie blühte auf darin, Jesus und seinem Leib heute (der Kirche) Gutes anzutun. Und Lisa Schmitz konnte stolz auf sich sein. Versteh mich nicht falsch, ich sage es deshalb nochmal: Niemand darf den Beitrag der Frauen auf das Putzen und Salatemachen fürs Pfarrfest reduzieren und das von ihnen erwarten; aber es ist ein wertvoller wahrhaftiger Nachfolgedienst. Ich wäre auch damit einverstanden, wenn Lisa Schmitz einmal Beraterin ihres Bischofs würde zum Thema „Wie dient man richtig?“ und Vorlesungen im Priesterseminar halten könnte über den wirklichen Dienst.

Also bitte: ich lege die Frau nicht auf das Putzen fest, aber ich will das, was sie in der Kirchengeschichte geleistet hat, in all ihren Entfaltungen, wertschätzen: das ist ein Schatz von großem Wert. Und wenn es möglich wäre, wenn nicht so viel anderes dagegenstünde, würde ich ihr ja auch den Priesterdienst zuteilen.

Was kann das schon sein, was dagegen steht? Kann es so schwerwiegend sein, dass man diese Hürde nicht überspringt, um der Frau sozusagen auch zu danken für ihren Beitrag in der Kirchengeschichte. Indem man sagt: Wir anerkennen euren Beitrag, indem wir die Zulassungsbedingungen zum Priesterdienst für euch verändern

mm Das klingt gut und spricht für deine Sorge um das Empfinden der Frau in der Kirche. Und viele fragen sich ja auch, ob diese Forderung nicht ein nicht zu übersehendes Zeichen der Zeit ist, das wir beantworten sollten. Aber....

..aber was steht denn wirklich dagegen?

mm Gestatte mir wegen dieser Frage eine kleine Exkursion in ein anderes Thema. Was steht dagegen, dass Männer Kinder in sich empfangen, austragen und zur Welt bringen können?

Natürlich die Biologie! Natürlich die Schöpfungsordnung. ...jedenfalls werden alle menschlichen Möglichkeiten hier (hoffentlich) keine Situation schaffen, dass Männer das nun auch noch können. Aber vielleicht gelingt es doch, das einmal möglich zu machen.

mm Gehen wir doch mal trotzdem davon aus, dass es solche unveränderbaren Dinge gibt, wie die Tatsache, dass nur eine Frau ein Kind empfängt, es austrägt und es zur Welt bringt.

Also dass es hier etwas Unverrückbares gibt auf der biologischen Ebene. So was gilt „natürlich“ als Diskriminierung. Aber es ist was es ist: etwas, das nur so geht!

Nun stellen wir uns mal vor, die Männer tun sich heute zusammen, klagen diese Schöpfungswirklichkeit an und verlangen Gleichberechtigung. Auch sie wollen Anteil am mütterlichen Amt und Dienst. Also lautet ihre Forderung: Auch Männer müssen schwanger werden können. Sie demonstrieren und tragen Spruchbanner mit sich: Auch ich kann Mutter (auch Männer können Mütter sein).

Bei dieser Forderung hier begreifen wir, was unmöglich ist. Es geht nicht; und selbst menschliche Verbiegungen können hier nichts dran ändern. Soll man trotzdem dagegen aufbegehren?

Und was hier biologisch unveränderbar ist, was ist denn das Unveränderbare in der Frage der Frauenweihe, das müsste doch dann etwas so Unverrückbares sein wie die Rolle der Mutter als Kindesgebärerin. Kann es vergleichsweise solch Unverrückbares beim Thema Frauenweihe geben.

mm Wenn du deine eigenen Grundlagen als Kirche achtest und dich fragst: wo kommt etwas her, hat Jesus es gesagt, wie hat es sich unter dem Einfluss des Heiligen Geistes entwickelt....? Wie gehe ich mit einem einmal erkannten Willen Gottes um? .....dann hast du einen theologischen Grund für ein non possumus, für ein NICHT MÖGLICH (NICHT

SINNVOLL)! D.h. ich muss dann ganz intensiv hinschauen auf die Glaubenslehre der Kirche, die eine Grundlage ist für alles. Wie in der Mathematik muss ich auf die Grundregeln achten, die mir sagen, das stimmt, das stimmt zusammen.

Was hier biologisch unmöglich ist, das gibt es theologisch in der Frage des Priestertums für die Frau.

Was würde man von Männern denken, die trotzdem unablässig die Schwangerschaft für den Mann fordern?

Du sagst also: wie ein Mann keine Mutter sein kann, so die Frau nicht Priester.

mm Damit sage ich keineswegs, dass eine Frau es nicht ausfüllen könnte, diesen Dienst. Nur es fehlt ihr etwas Wichtiges.

Erzähl es mir, ich bin gespannt!

mm Da muss ich auf das zurückkommen, was Jesus uns damals erzählt hat. Ich weiß noch genau, dass er uns mal zusammengerufen hatte, weil einige die tieferen Hintergründe nicht so recht verstanden hatten.

die eigenen Gaben nicht übersehen

Dass er in den Apostelkreis nur Männer berufen hat, so dachten wir damals, hätte etwas zu tun mit einer Respektbezeugung vor dem Judentum und dessen Vorstellungen, wo die Frau nicht als zeugnisfähig galt, ihr Zeugnis allein also nicht wahr sein konnte. Ein schlechter Ausgangspunkt wäre das für einen Aposteldienst, so dachten wir. Er wolle also verhindern, dass seine Botschaft deswegen nicht „ankommen" würde. Eine solche Denkweise hatte sich ja am Ostermorgen ereignet, als ich mit anderen Frauen den Aposteln die Nachricht von der Auferstehung bringen sollte, die Apostel uns aber nicht glaubten. Aber das war es nicht, um was es ihm ging. Und so baten wir ihn: Meister, was hast du damit gemeint? Sag es uns. Bitte!

Nein, ich habe keine Rücksicht auf die jüdischen Gepflogenheiten genommen, so höre ich ihn sagen. Sonst hätte ich auch euch Frauen nicht gerufen, mit mir zu gehen, sagte er. Ich habe gerade euch gerufen, weil mir das wichtig war und ich mich nicht führen lassen wollte von gesellschaftlichen Vorstellungen. Er war also ganz souverän in diesem Punkt und hat keine Rücksicht auf seine Umwelt genommen, noch sich davon beeindrucken lassen. Nach diesem Gespräch wussten wir dann, worauf es ihm ankam, dass es wichtigere Gründe gab dafür, nur Männer in den Apostelkreis zu berufen, der ja dann fortbestand im Apostolischen Amt der Kirche, den Bischöfen, den Priestern....

Und was waren das für wichtigere Gründe? Ich spüre es wird spannend! Bitte spann mich nicht länger auf die Folter!

mm Jesus ging es um die Stimmigkeit der Zeichen. Er wollte, dass seine Apostel, wenn sie das Abendmahl nachfeierten, ihn darstellen, ihn sollten sie repräsentieren, in ihrer Person sollte seine Person gegenwärtig sein.

Aber kann das und soll das nicht auch jeder Christ tun können, durch die Taufe? Da ist weder Mann noch Frau, weil wir alle einer sind in Christus!

mm Genau diese Stelle wird immer wieder bei euch zitiert, wenn es um die Stellung der Frau geht. „Weder Mann noch Frau..." bedeutet aber keine Gleichmachung und die Situation, in der es gesagt wird, war eine andere.

Natürlich repräsentiert jede/r Getaufte Christus, doch hat der Herr einen Bereich bewusst besonders gestaltet, wo er die Differenz zwischen Mann und Frau herausstellte, ohne damit die Frau ihrer gleichen Würde zu berauben. Doch in Jesu Sicht gibt es die Differenz von Mann und Frau eindeutig und sie hat Folgen für die Gestaltung der Kirche. Das sollte stimmen, stimmig sein.

Die Sache mit dem Bräutigam

Was heißt hier stimmig?

mm Nun die gesamte Verkündigung Jesu bestand darin, dem Volk deutlich zu machen, dass der ersehnte und prophezeite Bräutigam gekommen war, um das Volk, die Kirche als Braut in die ewige himmlische Hochzeit zu führen. Diese himmlische Hochzeit ist ein Bild, das von den ersten bis zu den letzten Seiten der Hl.Schrift gilt und somit nicht einfach fallen gelassen werden kann. Es ist ein sehr tiefgehendes Bild. Es beschreibt das Verhältnis Gottes zu seinem Volk im Bild eines Verliebten (Bräutigam) und umgekehrt die Beziehung des Menschen zu Gott ebenfalls im Bild einer Verliebten (=Braut).
Jesus hat von Anfang an sich als den Bräutigam verstanden und darauf bestanden, dass sich die Erwartung des Volkes in seiner Person erfüllt.

Das, mit dem Bräutigam ist eine alte Denkweise, die man von den ersten bis zu den letzten Seiten der Hl.Schrift findet. Die ganze Erwartung des Volkes Israel war gerichtet auf das Kommen des Messias als des angesagten Bräutigams. Die ganze Spannung ging dorthin, den Bräutigam zu erleben, der kommt. In diese Erwartung hinein war es folgerichtig, dass Jesus als Mann auf die Welt kam. Es ist so wie mit einem Symbol: Symbol das war in der Antike z.B. eine in zwei Teile gebrochene Münze. Die eine Hälfte bekam z.B. der Statt-halter des Kaisers in einer Stadt seines Reiches; die andere Münzhälfte blieb am Hof. Und wenn nun der Kaiser dem Statthalter eine Nachricht überbringen lassen wollte, dann gab er dem Boten die Münzhälfte mit.
Kam der Bote dann in der fernen Stadt an, dann legten beide ihre Münzhälfte zusammen, und wenn das dann stimmte, dann wurde dadurch etwas ausgelöst. Nämlich die Erkenntnis: Es stimmt, dieser Bote ist vom Kaiser. Beim Zusammenlegen der Münzhälften ergab sich ein harmonisches Ganzes.. Es machte KLICK.

mm So ähnlich ist es auch, was das Mannsein Christi angeht. Christus als Mann (die eine Münzhälfte) traf auf das Volk mit seiner Erwartung und auch hier: Erwartung und Erfüllung passten zusammen. Bei den Menschen machte es fast automatisch KLICK und sie wußten: das ist der Bräutigam-
Wäre Jesus nun als Frau gekommen, hätte dieses KLICK-Ereignis nicht stattfinden können, denn eine Frau passte in dieses alte Bild, das Gott selbst geoffenbart hat (und in dem er geoffenbart werden will) nicht hinein.

So konnte es folgerichtig auch nur ein Mann sein, in dem Gott auf die Erde kam, damit die Hochzeit „angesagt" war. Und für Jesus war es stimmig, für diese sozusagen amtliche oder innere Repräsentation Männer zu berufen, ohne damit die Berufung der Anderen, also „Der Frauen" in Frage zu stellen.

Sakramental denken

Entsprechend kann auch nur ein Mann Christus als Bräutigam darstellen.

Das habe ich tatsächlich noch nie so gehört. Sehr interessant. Aber irgendetwas sträubt sich in mir dagegen.
Zum Beispiel: muss denn dieses alte Bild heute noch gelten? Wir modernen Menschen brauchen doch Christus als Bräutigam nicht mehr, wir haben unsere Bilder über ihn.

mm Du fragst hier stark nach den Wünschen der Frauen, weniger jedoch nach den Absichten Christi. Vielleicht denkst du da: alles, was geschrieben steht, sei es in der Bibel, sei es in der Lehre der Kirche – das haben sich doch die Menschen damals zeitgemäß ausgedacht, das muss aber heute nicht mehr stimmen. Ich bringe ein Beispiel: Die Eucharistie. Würdest du zustimmen, dass man die Messe mit Coca-Cola und Chips feiert?

Nein, auf keinen Fall. Brot und Wein sind doch von Christus beim Abendmahl festgelegte Zeichen. Da wäre ich nicht einverstanden. Ist das nicht ein unabänderbares Zeichen des Sakramentes, ein sakramentales Zeichen, das wir beibehalten müssen? Ich glaube, man sagt, Brot und Wein wären das Material des Altarssakramentes.

mm Genauso ist es mit dem Weihesakrament. Wie in der Messe Brot und Wein – und nur Brot und Wein – gültiges Zeichen des Sakramentes sein können, so ist es hier der Mann, gewissermaßen ein sakramentales, unserer Verfügbarkeit entzogenes Zeichen. Unaustauschbar im Respekt vor Jesus. Unaustauschbar,
weil wir sehr klar den Willen Jesu nachvollziehen können, der ansonsten Frauen -obwohl gegen die Regeln verstoßend- in seine Nähe geholt hat („Die Frauen“ zum Beispiel)! Ich höre ihn noch an jenem Abend im Kreis der Frauen davon erzählen, und spüre jetzt noch den Ernst, den er mit seiner Festlegung dafür ausgesprochen hat.

Was ist das: sakramental denken?

mm Das bedeutet, damit zu rechnen, dass hinter dem sichtbaren und händelbaren Vordergrund eine göttliche Dimension mit im Spiel ist, die wir nicht sehen, die aber wesentlich dazu gehört. Gewissermaßen stimmt hier die Formel 1+1=2 nicht mehr, sondern alles läuft unter 1+1 = 3 (oder 4 oder 5); d.h. es gibt immer ein unerklärbares „Mehr“. Wenn ich das akzeptiere, dann kann ich bald alles besser verstehen: warum die Frau nicht Priester werden kann und anderes mehr...... weil die Übereinstimmung mit dem Mann Jesus Christus, hier nicht herstellbar ist und weil es Dinge gibt, über die wir nicht frei verfügen können, sonst verlieren wir den Boden unter den Füßen. Denn dann wird das Fundament zur Sandbank

Was bedeutet dieses sakramentale Denken?

mm Dass es eine Dimension gibt, die unserer Verfügung entzogen ist. Dass es für etwas eine Herkunft von Gott her gibt, die der Hl.Geist der Kirche auslegt, d.h. sie in die Wahrheit weiter und weiter einführt. Der Geist urteilt nie gegen das, was er früher „gesagt“ hat, sondern er hilft durch seine Auslegung, die Wahrheit zu verstehen und weiter zu entfalten. In der Frage des Priestertums der Frau kann und wird der Geist nicht gegen den Geist Jesu sprechen, indem er auf einmal das Gegenteil sagt, sondern er legt neue Verständnishilfen auf den Weg. Sakramental denken heißt auch, die „Mehrheit“ im Glauben zu berücksichtigen, also die unzählige Schar der Menschen, die bereits vollendet und bei Gott sind - einzubeziehen. Diese haben den Glauben der Kirche angenommen (manchmal auch die Schwierigkeiten, die das brachte) und haben standgehalten – und haben so einen Weg gelegt, den zurückzubauen wir kein Recht haben.

Sakramental denken heißt auch, dem göttlichen Geheimnis den Vorrang lassen und es nicht auseinander zu reißen. Es heißt, der Kirche ihr innerstes Wesen lassen, und sie nicht dem gesellschaftlichen Denken zu unterstellen. Sakramental denken heißt zulassen, dass Gott etwas will (Gebote) und das wir es ihm schuldig sind, hier mitzugehen.

Funktionales Denken dagegen relativiert alles, denkt vom Funktionieren her: hier ist alles möglich (wie man meint).- Im funktionalen Denken ist die Kirche etwas, das sich nur aus Menschlichem entwickelt hat und darum kein Recht hat, Göttliches als veränderliches zu präsentieren. Funktionales Denken macht alles aus-tauschbar, es muss halt alles funktionieren, auch der Wille des Menschen muss es.

Was du erzählt hast, ist also wohl der eigentliche, tiefere Grund dafür, dass Frauen in der Kirche nicht das Amt des Priesters wahrnehmen k ö n n e n?

mm Ja, richtig! Keine Abwertung ihrer Begabungen, keine Geringschätzung ihrer Person ist das, sondern das Ernstnehmen der Symbolsprache: hier muss es stimmen, damit die Botschaft rüberkommen soll!

Und für uns heute gilt es: Respekt vor Christus zu haben.

Dazu haben die feministischen Theologinnen sicher ihr eigene Ansicht und zwar konträr.

mm Dies ist ihr Recht, sie nutzen neue theologische Ideen, übersehen aber, dass die Lehre der Kirche zu einem anderen Ergebnis kommt und es eine tiefverankerte Grundsatzentscheidung dazu gibt. Kluge Feministinnen sagen inzwischen sogar, die Frau sollte nur ja nicht Priesterin sein wollen, denn das bedeute Unterordnung unter ein System (hier benutzen sie das Wortspiel von Ordination (=Weihe) und Subordination (=Unterordnung), und letztere wäre nicht das, was sie für sich als Frauen wünschen. Der Priesterdienst sei bei der 2000jährigen Tradition und Praxis doch ein so immens männlich geprägter Bereich, dass es zuviel Kraft brauche, den noch zu verändern. Priesterwerden würde damit für eine Frau ein Unterordnen unter ein männlich gefügtes System sein und letztenendes würde das den Vorrang der Männer noch unterstreichen, mit Frauenbeteiligung würde sozusagen dafür gesorgt, dass dieses Männersystem weiter bestehen kann. Eine kluge Überlegung. Einige von diesen Theologinnen meinten, es müsse sich stattdessen etwas Typisch-Weibliches entwickeln, als Alternative. Das wäre sicherlich eine lohnende Überlegung, um dem Eigenen der Frau ganz anders gerecht zu werden. Ich wiederhole mich, wenn ich sage, dass z.B.die Ordensfrauen bereits eine solche Gruppe in der Kirche bilden. Das wäre ein Anlass, über heutige und andere Formen für eine Frauen-Initiative in der Kirche nachzudenken, wo Teilnahme an der Vollmacht der Kirche möglich ist.

Schaut auf eure Berufung

Doch weshalb ist die Gruppe „Die Frauen" dann in der Kirchengeschichte auf einmal nicht mehr da, während die Apostelgruppe einen eigenen Status darstellten. Ist da was schief gelaufen?

mm Wer sagt denn, dass wir Frauen uns zurückgezogen hätten aus unserem Dienst am Leib Christi? Wir sind über die Jahrhunderte immer weiter aktiv gewesen, ohne eine feste Institution zu sein: wir waren eine unverfasste, aber darum vielleicht spritzigere

Sondereinsatzgruppe der Kirche. Und sind es noch heute. Ich erinnere daran, was ich vorher schon dazu gesagt habe.

Ich habe herausgehört, dass die Kirche durchaus durch Anstöße aus der Welt, aus der Gesellschaft lernen kann und das auch tut...

mm ....ja und selbst, wenn sie die Forderungen nicht umsetzen kann und darf. Selbst dann hat die Kirche auch durch „Zurufe" aus der Gesellschaft hinzu gelernt. So hat das gegenwärtige Drängen nach dem Priesteramt – ich glaube, ich sagte es bereits – bewirkt, dass wir jetzt noch intensiver danach schauen, wo der Genius (das Geniale) an der Frau in der Kirche entweder neu vorkommen sollte bzw. ihr schon längst vorkommender Beitrag gewürdigt wird. Papst Franziskus hat z.B. einen großen Teil von wichtigen Diensten im Vatikan an Frauen übergeben, und er sagt sogar, hier laufe es jetzt besser! Es gibt Bischöfliche Ordinariate, wo eine Frau (z.B. eine Pastoralreferentin) Leiterin der Abteilung Personal ist, und dabei Ein-fluss hat bei der Ernennung von Priestern zu Pfarrern oder sonstigen priesterlichen Einsatzbereichen.

...also auch, wenn sie nicht Priesterin ist!

mm und da kann ihr Wesen sich ausbreiten gerade in einer bisherigen reinen Männerwelt und kann diese aus dem Genius der Frau heraus befruchten.

Demnach sind nicht alle Vorschläge an die Kirche, die aus der Welt kommen, von vornherein schlecht?

mm ...nein, nein. Aber es heißt: Prüft alles, ob es aus dem Geist Gottes kommt. Ob es „stimmt" und stimmig ist mit dem Anliegen Christi für seine Kirche. Über die Kriterien habe ich ja schon weiter vorne gesprochen. Doch ist es ein bleibender Auftrag an die Kirche, letztlich das Ganzandere, Gottes Ganzanderssein in die Welt zu bringen: also Gott, der sich nicht vereinnahmen lässt durch Menschensatzung. Es wird nie eine Situation geben, wo die Kirche von diesen Anderssein befreit wäre.

Was wäre eine Art Schlusswort an deine Glaubensschwestern, die Frauen in der Kirche?

mm Schaut auf euch, Schwestern, schaut auf e u r e große Berufung und macht sie / macht euch nicht klein im Vergleichen. Schaut auf Maria, eure große Schwester, aber auch die „kleine" Schwester: weil sie sich Gottes Größe hinhält – und diesem dient. Schaut auf die Reihenfolge: Maria ist als Erste bereits mit Leib und Seele im Himmel angekommen. **Die Frau ist als E r s t e mit Leib und Seele dort angekommen!!** Hört diesen starken Satz, hört ihn wirklich!

Und sei es auch der heiligste Papst, der am Ende der Welt durch das Tor des Reiches Gottes gehen darf: er ist, als Mann, immer der Zweite.

D i e Frau ist schon da. So war es auch am Beginn: ehe es die Kirche gab mit den Aposteln, gab es schon Maria. Sie ist sozusagen FRAU KIRCHE.

Das Marianische ist vor dem Petrinischen: Maria war schon da, als Petrus (das Apostelamt) auf der Bildfläche erschien. Das Petrinische (die Männer der Kirche) haben dem Marianischen zu dienen. Der Papst hat der Kirche zu dienen, ein Priester der Frau Kirche, also auch den Frauen in der Kirche. Die Frau sitzt, der Diener kniet vor ihr und gibt ihr, was sie braucht. Weil wir Frauen allesamt mit Maria eins sind (vom gleichen „Schlag" , von der gleichen Würde), wird dort, wo Maria verehrt wird, im tiefsten (mit der Mutter Jesu) auch jede Frau verehrt. **Der Priester ist ihr Diener. Ist das ein zu gewagter Vergleich?**

Das sollt ihr anschauen, ohne ein Konkurrenzdenken daraus zu entwickeln. Ihr Männer und Frauen: schaut miteinander auf eure jeweilige Berufung und begreift: Miteinander sind wir berufen, gleicher Würde sind wir, doch unterschieden in unserem Wesen. Liebt einander, wie der Herr euch geliebt hat.
„Lieben heißt: aus dem Vergleichen ausziehen!"

Noch ein allerletztes, MM, viele sehen im Drängen der Frau nach dem Priesteramt ein Zeichen der Zeit, das uns Gott sendet, damit wir das Priestertum der Frau bald verwirklichen

mm Ja, natürlich gibt es diese theologische Qualität, in einem Ereignis der Welt (-geschichte) ein Ereignis Gottes zu sehen und darauf zu reagieren. Doch: Prüfet alles! Sagt Paulus. So kann man bei der Prüfung einer Sache den Heiligen Geist bitten, unsere Idee zu beleuchten und zu durchleuchten. Dabei kann die Einsicht wachsen, es sei gut, sich jetzt diesem Ratschlag des Zeitzeichens zuzuwenden und zu reagieren. So sind ja auch viele Impulse in die Kirche hinein gekommen und haben sie gefördert. Es würde uns manches fehlen, wenn es das nicht gegeben hätte. Es gab und es gibt aber auch Wünsche und Erwartungen, die die Kirche nicht umsetzen kann......... „Zeichen der Zeit" heißt nicht automatische Übernahme des darin befindlichen Inhaltes, sondern: Prüfet alles.....!

Und was bedeutet das jetzt für unser Thema?

mm Das Priestertum der Frau wird seit Jahrhunderten behandelt und gefordert, ebenso die Abschaffung des Zölibates. Es gibt gerade beim Letzteren einen roten Faden durch die gesamte Kirchengeschichte: immer und immer wieder gab es Vorstöße, ihn abzuschaffen! Das ist seit Jahrhunderten so!!
Man kann ja aus diesem Geschehen auch schließen, dass der Heilige Geist Gottes zu diesem Thema schlicht und ergreifend Nein sagt. Ein starkes, immer von neuem ertönendes NEIN! Und vielleicht sollten wir dann aufhören, zu sagen: Ja, aber.... Ich glaube, wenn die scheinbar neuen und doch so alten Anfragen an die Kirche wegen der Frauenfrage und des Zölibates nichts bewegen konnten in all den Jahrhunderten des Kampfes für sie oder gegen sie.....
......wenn sich der angefragte oder angefeindete Status erhalten hat .... dann sollten wir damit rechnen, dass sie es deswegen tun konnten, weil der Herr schlicht und ergreifend NEIN dazu sagt, sie zu verändern. NEIN! Das ist ja immerhin auch eine Möglichkeit, auch wenn sie uns nicht gefällt. mit der wir aber rechnen können. Da die Auseinandersetzung in und mit der Kirche wegen dieser Themen doch sehr viel Energie kostet, hätte der Heilige Geist (der effizienten Einsatz von Energien mag!) uns schon längst diese Beschwernis weggenommen, nach dem Motto: dies muss die Kirche nicht auch noch (er-)tragen! Aus Gründen der Energieeffizienz wären sie längst verändert worden, wenn sie unwichtige Aspekte wären. Wenn aber diese kirchlichen Status-angelegenheiten so widerspenstig dagegen halten, dann rechne ich mit einer Absicht des Geistes, wenn er sie schützen will!

Welch ein Respekt wäre es, hier etwas stehen zu lassen, und welche Größe liegt doch darin, es mehr und mehr verstehen und annehmen zu lernen.

Wenn du all das Gesagte zusammenfassen möchtest: Wie siehst du das gegenwärtige Drängen der Frau nach dem Priesteramt?

Hinter der massiven Anfrage und den Forderungen nach dem Priesteramt für die Frau steckt die tiefere, wohl eigentliche Frage:

Wer bin ich als Frau für dich, die Kirche?

Und damit ganz eng verbunden:

Wer bin ich als Frau für die Welt,

in der durch die Gleichmachung von Mann und Frau und die Austauschbarkeit der Geschlechterrollen mein Wesen als Frau und Mutter unterzugehen droht, wo ich nicht mehr zu gelten scheine in meinem Frausein als Gottesgeschenk!

Wer bin ich unter den Augen Gottes?

Das sind die entscheidenden, eigentlichen Fragen, die sich jede und jeder stellen darf, in Zeiten, wo das Eigentliche und Wesentliche des Menschen untergeordnet werden soll unter die Prinzipien des Brauchbaren, des Nützlichen und der Ökonomie, der Lustmaximierung und der SelbstHERRlichkeit des Menschen.Wenn wir das Zeichen der Zeit "Frau" so lesen, haben wir das Zeichen verstanden.

Möglicherweise ist die Kirche doch mehr Anwältin unserer wahren Interessen, als wir es (manchmal feindselig) von ihr glauben.
Der Kirche mit dem Herzen zuhören – vielleicht doch eine Chance?

(Stille Frage des Interviewers nach dem Ende des öffentlichen Gespräches an MM: Du bist doch als Botin der himmlischen Kirche zu uns gekommen. Welches Votum bringst du uns in den Fragen und Refomthemen (Frau, Zölibat, Sexualmoral) aus der Kirche des Himmels mit? (Auflösung nächste Seite)

Bewahre, was dir anvertraut wurde.
bleibe bei dem, was du gelernt
und wovon du dich
überzeugt hast**

*1 Timotheus 6, 20-21 und 2 Timotheus 3, 14 ff.

AUSBLICK

VON TRÄUMENDEN UND STAUNENDEN

Der Wecker klingelt und ich wache auf. Nach und nach kommen mir die Träume der Nacht in Erinnerung. Ich habe im Traum dieses Buch geschrieben. Ich fand Spaß an den ganz außergewöhnlichen Vorstellungen und konträren Gedanken dieses Buches. Doch warum nicht, warum könnte darin nicht doch ein Körnchen Wahrheit liegen? Gedankenspiele darüber.....dass die Kirche doch gute Argumente hat in den behandelten Themenbereichen von Kirche und Glauben!

Über die Kirche nachsinnen bedeutet, sie mit sakramentalem Blick anzuschauen –
bedeutet, 5 gerade sein lassen –
heißt zulassen, dass 1+1 = 3 sind (oder auch 4 oder 5 oder 9) -
heißt, in eine Welt des Staunens einzutreten, wo Macher nicht brauchbar sind –
wo Empfangende, die sich leer fühlen, erfüllt werden können, jede und jeder mit der eigenen, von Gott zugedachten Gabe und den Talenten.

Ich habe also in diesen Texten damit gerechnet, dass die Argumente der Kirche stimmig sind; ich lasse mich darauf ein, ich will mich darauf einlassen!
Vielleicht ist meine Betrachtungsweise einfach nur naiv, zu gutgläubig
zu wenig theologisch?.......
Träume sind oft naiv, unlogisch.
Ich habe nicht für die Theologen hier geschrieben,
sondern einfach so für „Leute“
die vielleicht manches verstehen wollen.

Ich bin bei manchen Zusammenhängen ins Staunen gekommen.
Staunen sei der Anfang des Verstehens, habe ich gelesen.

Nicht der, der macht, macht vieles neu.
Der Staunende ist der Empfangende

So möcht ich sein

Printed by Books on Demand GmbH, Norderstedt / Germany